———————— 님의 소중한 미래를 위해
이 책을 드립니다.

마흔 이후 멋지게
나이 들고 싶습니다

마흔 이후 멋지게
나이 들고 싶습니다

조은강 지음

마흔이 되기 전에
꼭 버려야 할 것들

메이트북스

메이트북스 우리는 책이 독자를 위한 것임을 잊지 않는다.
우리는 독자의 꿈을 사랑하고,
그 꿈이 실현될 수 있는 도구를 세상에 내놓는다.

마흔 이후 멋지게 나이 들고 싶습니다

초판 1쇄 발행 2021년 7월 5일 | 초판 2쇄 발행 2021년 8월 25일 | **지은이** 조은강
펴낸곳 (주)원앤원콘텐츠그룹 | **펴낸이** 강현규 · 정영훈
책임편집 안정연 | **편집** 유지윤 · 오희라 | **디자인** 최정아
마케팅 김형진 · 이강희 · 차승환 · 김예인 | **경영지원** 최향숙 | **홍보** 이선미 · 정채훈
등록번호 제301-2006-001호 | **등록일자** 2013년 5월 24일
주소 04607 서울시 중구 다산로 139 랜더스빌딩 5층 | **전화** (02)2234-7117
팩스 (02)2234-1086 | **홈페이지** blog.naver.com/1n1media | **이메일** khg0109@hanmail.net
값 15,000원 | **ISBN** 979-11-6002-338-1 03190

타인을 지배하는 자는 강력하지만
자신을 지배하는 자가 더 강하다.

· 노자 ·

누구에게나 마흔은 온다

그녀는 10분 전에 도착했다. 7센티미터의 높은 하이힐을 신었고 머리는 캔디파마를 했다. 늦지 않았음에도 뛰어왔는지 코에는 땀방울이 맺혀 있다. 이따금 미간을 찌푸리며 배를 움켜쥐는 걸 보면 장이 안 좋은 것 같다. 그녀의 외양, 행동 하나하나에서 모든 것이 드러난다.

그녀에게 다가가 나는 말을 건넨다. 안녕? 나는 미래의 당신이야. 마흔을 이미 지나온…. 그녀는 놀란 눈으로 나를 쳐다본다. 이 사람이 나라고? 믿어지지 않는다는 표정, 살짝 기분은 나쁘지만 어쩔 수 없다. 누구에게나 마흔은 온다. 그리고 그 이상의 나이도 거절할 수 없는 방법으로 닥쳐온다.

마흔이 되던 해 초반의 어느 날을 기억한다. 친구가 말했다.

"야, 이제 어떡하니? 우리 마흔이야."

그 말에 나는 아무 대답을 하지 못했다. 친구는 말이나 꺼낼 수 있었지, 나는 말도 꺼낼 수 없을 정도로 낙담해 있었기 때문이었다. 심란했다. 너무 엄청난 일을 맞닥뜨린 느낌이었고 이제 그전과는 다르게 살아야 할 것 같은데, 어떻게 사는 게 좋은 것일지 알지 못했다. 학교에서라면 학년이라는 게 있어서 자신의 위치와 역할을 정확히 알게 된다. 하지만 사회에서는 그런 게 없다. 마흔이 되었다는데, 40대에 접어들었다는데 그 전과 딱히 달라진 게 없었다. 느낌으로는 내 취향도, 주변 환경도 그대로였다. 그렇게 어정쩡하게, 보너스처럼 남아 있던 젊음을 아낌없이 쓰며 나는 40대를 보냈다. 그때 나는 계속 뒤를 돌아보았던 것 같다.

30대가 좋았어.

30대처럼 살자.

숫자는 40이지만 나는 받아들이지 않겠어.

그렇게 40이라는 나이를 거부하고 인정하지 못했다. 철없음, 감정 과잉, 유치함을 젊음으로 착각했다. 이제야 나는 40대가 얼마나 중요했는지, 그리고 내가 노력했다면 조금은 다르게 살 수도 있었다는 것을 안다. 40대는 중년 그리고 노년을 더욱 아름답게 살기 위한 자기 수련의 시기가 되어야 했다. 자기가 사는 시대. 겪고 있는 나이를 정확히 알고 그것을 제대로 인정하고 받아들이는 것은 꼭 필요한 일이었다.

흔히들 나이는 숫자에 불과하다고 말한다. 얼핏 들으면 기운 나는 좋은 말이지만 과연 그럴까? 물론 그대로인 것이 있다. 하지만 나이는 여러 면으로 영향을 준다. 거기에서 파생되는 것이 엄청나게 많다. 당장은 아니어도 서서히 몸이 달라지고, 사회적 위치가 달라지고, 관계가 달라진다. 무엇보다 내 마음속의 기준과 지향이 달라진다. 그 과정에서 혼란도 있고, 시행착오도 생긴다. 어리다고 용서해주던 사회적 시선은 사라지고, 어느덧 모든 것을 오롯이 자신이 책임져야 하는 상황이 닥친다. 그것을 겸허히 받아들이고 인정해야 하는 시점이 바로 마흔이 아닌가 한다.

마흔이 다가올 때 어떤 사람은 과거의 나처럼 불안해하고 두려워한다. 거부하기도 한다. 하지만 피할 수 없는 것임을 인정하고 마흔부터는 지금까지와 다르게 살 것, 끊어야 할 것을 다짐해보는 것은 어떨까.

운전을 처음 시작했을 때 읽은 책에서 '가장 중요한 것은 브레이크를 제때 밟는 일'이라는 조언을 접한 적이 있다. 인생도 마찬가지다. 우리가 제때 멈출 수만 있다면 많은 갈등과 번민을 피할 수 있다.

나는 이 책에서 특별히 마흔이 오기 전에 스스로 멈춰야 할 것들에 대해 정리해보았다. 그것은 아직도 해결되지 못한 채 내 안에 남아 있는 마음가짐에 관한 것들이기도 하다. 내가 좀 더 일찍 이런 성찰을 할 수 있었다면 조금 더 훈련되어 남은 삶이 수월하지 않았을까, 하는 안타까움도 있다. 일찍 시작할수록 더 일찍 답을 찾을 것이라고 믿는다.

IT 용어 중 '디폴트'라는 말이 있다. 이 단어의 뜻은 별도 설정을 하지 않은 초기값 또는 기본 설정값이다. 이 책에서 다룬 내용이 당신의 40대에서 디폴트가 될 수 있기를 바란다. 또한 마흔을 앞둔 당신, 그리고 이미 마흔을 사는 당신에게 이 책에서 내가 토로한 고민과 갈등이 조금이라도 나은 미래를 살 수 있는 데 도움이 되기를 바란다.

조은강

•

PART 1

갑자기
들이닥치는 것들

자기 전 눈을 꼭 감고 기도하면 그대로 이루어지던 날은 이제 오지 않는다. 누구나 안락과 평화를 꿈꾸지만, 어느 순간 자신이 전혀 상상하지 못했던 것들, 바라지 않았던 것들, 뜻하지 않게 부딪쳐오는 것들이 나를 감싼다. 더는 나를 보호해줄 것이 없고, 이제는 온전히 내 힘으로 맞서가야 한다는 것을 마흔이면 깨달아야 한다. 마흔에 굴복하면 그 다음은 오지 않는다.

forty comes to anyone

안주

•

주인공이 웃는 순간,
총알이 날아와요

2019년 말, 코로나19 바이러스가 등장하면서 전 세계가 위험에 빠졌다. 웬만한 전염병은 정복된 줄 알았고, 사스나 메르스도 잘 이겨낸 것으로 생각했던 우리에게 이것은 적잖은 충격이었고 바이러스로 인한 고통은 아직도 진행중이다. 이런 식이면 앞으로도 어떤 바이러스가 새로 등장할지 우리는 알 수가 없다. 달갑지 않지만, 이것은 미래에 어떤 일이 일어날지에 대해 섣불리 안심하거나 안주하지 말라는 경고일 수 있다.

임진왜란이 일어나기 전, 선조가 다스리던 조선은 200년 동안 평화로웠다. 평화가 길어지니 긴장감이 사라졌다.

"나라에 태평한 세월이 계속되면 병사들은 모두 나약해지기 마련입니다. 이러한 때에 변란이라도 일어나면 속수무책이 될 것입니다. 몇 해가 지나면 우리 병사들도 강해지겠지만 지금은 그렇지 못할 것입니다. 참으로 걱정입니다."

류성룡의 이런 우려에 귀기울이는 사람은 없었다. 가깝지만 가장 먼 일본이라는 나라에 대해서는 특히 긴장을 풀지 말아야 했는데 그렇지 못했다. 일본이 침략해올 것인지 아닌지에 대해 '설마 그럴 리가' 했고, 일본이 가지고 있던 조총에 대해서도 '그게 쏠 때마다 맞을 리가' 했던 그들의 낙관적인 판단은 결국 비극을 불러왔다. 임금은 도망을 다니고, 백성은 어마어마한 희생을 감내해야 했다.

성웅 이순신만은 달랐다. 달빛 밝은 밤, 모든 배가 닻을 내리고 있을 때 갑자기 그는 일어나 "적은 대개 달이 없는 날 공격하지만, 달이 밝은 날에도 기습할 수 있다"며 모두 경계태세에 들어갈 것을 명령했다. 얼마 후 왜적은 기습해왔고, 대비하고 있던 우리 군사는 어려움 없이 그들을 격퇴할 수 있었다.

개인의 삶이라고 다를까, 삶에서 긴장감을 확 뺀다는 것은 독이 될 수 있다. 사실 세상에는 인간의 기준으로 '좋다' '나쁘다'로 판단할 수 없는 일들이 이어진다. 무작위로 이런 일, 저런 일이 벌어지는 것이다. 나 하나를 위해서 세상이 돌아가지는 못하니까. 당장 오늘은 평안하고 행복하다 해도 내일 어떤 일이 벌어질지 모르는 것이다. 세상의 일은 개인 사정을 전혀 돌아봐주지 않는다. 하필이면 임산부 아내를 둔 남편이 사고를 당하고, 하필이면 만 원 한 장이 아쉬운 빈민층이 지갑을 잃어버린다.

그런데도 인간은 일이 잘 풀리고, 지금 상황이 편안하다고 느낄 때면 이 상태가 영원히 지속될 것이라 믿는다. 특히 직업이나 가정생활에서 큰 변화 없이 마흔을 맞이하고 나면 '이대로 쭉 평온하게 가겠구나' 하고 단정을 짓는다. 과연 그럴까?

나도 한때는 내 인생에서 직장이라는 게 사라질 것을 생각하지 못한 적이 있었다. 대단한 경력은 아니었어도 어찌 되었든 계속 일을 하리라 믿었다. 그러나 마흔 초반에 나는 갑자기 직장을 잃었다. 20, 30대에 직장을 잃은 것과는 결이 달랐다. 나 혼자 태평세월이 지속될 것으로 착각하고 있었음에도 주변의 모든 것에 배신감을 느끼기도 했다. 왜 아무도 미리 내게 경고하지 않은 거야, 왜 아무도 내게 대비하라고 하지 않은 거야.

하지만 얼마 가지 않아 나는 내가 안주하고 있었고, 일에 대해 그리 절박하지도, 진지하지도 못했다는 것을 깨달았다. 나와 달리 가족의 생계를 책임져야 하는 가장의 위치에 있던 다른 친구들이

나 동기들은 어떤 면에서 항상 진지하고 어른스러웠다는 것도 그제야 보였다. 그들은 언제나 머릿속에 '만약 내가 이 일을 잃게 된다면' 하는 시나리오를 그렸고, 그런 일이 생기지 않도록 만반의 대비와 노력을 다했던 것이다.

프랜시스 드 코폴라 감독의 영화 〈대부〉는 1편부터 3편까지 온통 팽팽한 긴장감 속에 살인과 배반과 응징이 이어진다. 엄청난 돈과 어둠의 권력을 쥐고 있음에도 마피아 보스에게 평화로운 안주는 없다. 말론 블란도가 연기한 돈 콜레오네가 그랬고, 그 뒤를 이어받은 마이클 콜레오네 역시 그랬다. 그들 주변의 가족은 호시탐탐 그들의 돈과 명예를 탐하는데 진짜 주인은 그럴 여유가 없는 것이다.

그 과정에서 돈 콜레오네와 마이클은 진짜와 가짜를 구분하는 눈을 가지게 되고, 인생의 숱한 비의秘義를 깨닫는다. '친구는 가까이, 적은 더욱 가까이 두어라' '복수는 차가울수록 제맛이다' '누군가를 미워하는 마음은 명료한 판단에 악영향을 끼친다' '너무 정직하지 마라, 똑바른 나무가 가장 먼저 잘린다'…. 이런 냉혹한 성찰이 언제나 '안주'와 '평안'만 추구하는 이에게 올 수는 없을 것이다.

마흔은 세상을 다 알 수 있는 나이가 아니다. 오히려 아, 이런 것이구나, 하고 실감하면서 자신의 지식과 세상의 섭리를 비교 분석하며 경험치를 더 쌓아야 할 나이다. 마흔에 꾸는 꿈이 고작 '안주'와 '평안'이라는 것은 안타까운 일이다. 기본적으로 영원한 평화는 없다고 믿는 편이 낫다. 평화로워야 할 것은 당신 내면일 뿐, 밖에서 그것을 구할 수는 없다.

공격성

•

**잠깐 멈추고
방향을 틀어요**

2019년, 걸그룹 에이핑크의 멤버 손나은 양에게 지속적으로 악플을 달아온 사람의 정체가 밝혀졌다. 그는 80년대 학번의 S대 법학과 출신인 남자였다. 그 나이대 남자가 왜? 그 정도 학벌의 사람이 왜? 처음엔 너무 이상했다. 내 상식에서는 그런 사람에게 여자 아이돌 스타란 차라리 무관심의 대상이거나, 어쩌다 방송에서 보면 '예쁘다' 하는 정도의 반응이면 충분할 것 같았다. 집요하게 상대를 괴롭힐 이유가 없어 보였다.

그런데 그는 사법시험에 계속 실패함으로써 정신질환이 생긴 상태였다고 한다. 그러고 보니 하필이면 손나은 양이 걸려들었지만, 꼭 그녀가 아니었어도 누구라도 그는 표적 삼아 자기 인생의 실패에서 기인한 공격성을 퍼부었을 것 같다. 문제는 저런 정신질환자만이 악플을 다는 것이 아니라는 것이다. 악플은 현대인이 닉네임 뒤에 숨은 채 자신 안의 공격성을 표출하기에 가장 적합한 방법이다. 때론 지성과 논리, 정의, 분별이라는 그럴듯한 옷을 입은 채.

따라서 악플을 탓하기 전에 해소되지 못한 인간의 공격성에 대해 우리는 먼저 생각해봐야 한다.

악플과 함께 떠오르는 것이 뒷담화다. 악플의 오프라인 버전이랄까. 처음엔 가볍게 뒷담화를 시작한다.

"K는 요즘 어떤 것 같아?"

"새로 이사 가서 잘 지내던데."

"그래? 그런데 좀 이상한 소문이 있어서 말이야."

이상하다던 소문은 곧 상대의 부도덕함, 회복할 수 없는 실패, 어쩌지 못한 불행의 폭로로 진행된다. 친구나 지인, 그저 이름만 아는 유명인도 상관없다. 그 사람이 주제 모르고 행복해 보이는 것이 못마땅한 것일까? 행복해 보인다는 것의 근거도 지극히 주관적이지만.

좀 더 대범한 사람은 상대에게 대놓고 공격을 가하기도 한다. 농담을 빙자해서 외모를 깎아내리거나, 상대의 과거 언행을 굳이 기억했다가 현재와의 모순에 빗대어 놀리거나, 웃는 얼굴로 이야기하지만 명백한 공격 행위다.

우리 인간에게는 대부분 공격성이 내재해 있다. 하지만 모든 일이 수월하게 풀리고 평화로운 상태라면 내부의 공격성이 굳이 발현되지 않을 것이다. 로버트 그린은 『인간 본성의 법칙The Laws of Human Nature』에서 유난히 권력에 대한 욕구가 강하고, 그에 대한 조바심이 발동하는 경우 공격성이 더 발달한다고 밝히고 있다.

공격성이 적극성, 주도성과 연관되면 얼핏 긍정적인 재능으로 보일 수도 있다. 그러나 자신이 멈춰야 할 때를 아는 '너그러운 공격자'는 마치 '이기적인 박애주의자'나 '착한 사이코패스'처럼 존재하기 어려운 것이다.

로버트 그린은 존 D. 록펠러를 예로 들었는데, 주변 상황을 자신이 통제하지 않으면 엉망이 될 것이라는 믿음에서 시작된 그의 공격성은 자기 주변을 완벽하게 장악하기 위해 나아가고, 경쟁자들을 뒤에서 조종하며, 법을 어겨도 양심의 가책을 느끼지 않는 것에까지 도달한다.

사회가 발달할수록 이러한 인간의 공격성 역시 더욱 세련되어지고 다양한 형태로 나타난다. 우연히 봤을 땐 환한 얼굴로 반가

위하며 손을 꼭 잡지만, 따로 연락하면 죽어도 전화를 받지 않는 예전 상사, 어쩌다 마주쳤을 때 "왜 요즘 남편이 안 보여요? 통 못 봤네" 하며 안부 인사를 빙자한 나쁜 상상을 하는 이웃, 좋은 소식에는 얼른 화제를 바꾸고 나쁜 일에만 "어머, 그래서? 그래서?" 하고 반응하는 친구, 자기 가정의 불행을 주변의 탓으로 돌리며 험담을 쏟아내는 지인….

이런 사람들을 보면 그것이 그들 나름의 공격성의 발현임을 알아차리고, 그들과 정신적으로 거리를 두어야 한다.

이런 사람들을 설득하기 위해, 생각을 바꿔주기 위해 당신이 노력하는 일은 부질없다. 그들 내면에서 끓어오르는 공격성의 바닥이 어디쯤일지는 그들도 모를 것이다.

삶에서 좌절이나 분노, 위협이 반복된다면 우리도 그들과 크게 다르지 않을 것이다. 그리고 그런 행동에 대해 '나도 모르게 그랬다' '너무 두려워서 그랬다'와 같은 변명을 늘어놓을지도 모른다. 문제는 이것이 중독과도 같아서 한 번이 두 번 되고, 두 번이 세 번 되기도 한다는 것이다. 공격을 멈추면 자신이 무력하거나 약해진다고까지 착각하게 된다. 따라서 더 망가지기 전에 스스로 얼마나 공격적으로 될 수 있는지, 언제 멈출 수 있는지 그 한계를 생각해두어야 한다.

만약 당신에게서 공격성이 불쑥 올라온다면 얼른 멈추고 방향을 틀어 자기 업무나, 청소, 운동 같은 것을 향해 긍정적으로 쏟아 붓기를 바란다. 그렇게 해야만 자신도 지키고, 다른 사람들과의 관계도 망치지 않을 수 있다.

성급함

●

뭐가 그리
급해요

어느 TV 프로그램에서 한국인의 성급함을 표현하는 행동으로 다음의 다섯 가지를 소개했다. 커피자판기에 손 넣고 컵 내려오기를 기다리기, 화장실에서 볼일 보면서 양치질하기, 웹사이트가 3초 안에 안 열리면 그냥 닫기, 엘리베이터에 타자마자 닫힘 버튼을 계속 누르기, 식당에서 계산할 때 손님이 카드를 주면 주인이 대신 서명하기.

나는 거기에 몇 가지 행동을 더 추가할 수 있었다. 음식 식기도 전에 입에 넣기, 택배가 이틀 이상 걸리고 음식 배달이 한 시간 이상 걸리면 불안해하기, 같이 가는 일행이 있어도 혼자 앞서서 걷기, 약속 시각 3시간 전부터 준비하기, '빨리빨리'라는 말을 입에 붙이고 살기….

전형적인 한국인인 나는 결혼 후 한동안 남편을 이해하지 못했다. 그는 밥을 차려주어도 딴청하며 빨리 먹지 않았다. 맛이 없어서 저러나 싶어 서운했고, 한편 답답했다. 나중에야 이유를 알았다. 그는 그저 뜨거운 음식이 식기를 기다렸을 뿐이었다.

커피든 국이든 입에 바로 넣어 직접 온도를 재야 속이 시원했던 나는 그 기다림의 미학을 이해하지 못했다. 이제는 나도 그를 따라 음식이 식을 때까지 기다리긴 하지만 다른 면에서 성급함을 버리지는 못한 것 같다.

성급함이 인생살이에 다 나쁜 것은 물론 아니다. 한국인의 이런 성급한 기질 때문에 그 어느 나라보다도 빠른 성장을 이루어냈고, 다양한 분야에서 눈부신 발전을 이룬 것이 사실이다. 자정 넘어 도어락이 고장나도 열쇠수리점에 전화하면 바로 달려와주고 통신 장애나 인터넷 장애도 대개 나의 조급함을 채워주는 속도로 처리가 된다.

주변에서 성격 급한 사람은 특별히 눈에 거슬리지 않는다. 그 사람의 입장이 바로 이해된다. 그럴 수 있어, 나도 그래. 괜히 부지런해 보이기도 한다. 드라마 〈막돼먹은 영애씨〉에 나온 정보석 사장은 일을 지시하고 5분 뒤에 어떻게 됐느냐고 묻는 캐릭터였지만 그게 밉지 않았다. 눈에 띄고 뭔가 불편한 사람은 반대로 지나치게 느리고 느긋한 사람이다. 왜 저리 느긋해? 이건 욕이다.

하지만 부작용이 분명히 있다는 것도 사실이다. 빠르게 뭔가를 해낸다는 것은 결국 시간상으로 결과를 빨리 끝어내는 데 가장 큰 중점을 둔다는 것이다. 결과의 질이나 과정의 정당성은 간과된다. 시험을 보거나, 숙제를 하거나, 어떤 글을 쓸 때도 나 역시 무조건 빨리 해내는 것에 최우선을 두곤 했었다. 마감이 며칠 남았음에도 일단 해치워야 마음이 편했다. 시간이 남았으면 손에 두고 몇 번 더 검토하고 숙고하는 편이 나았을 텐데 나는 손을 놓았다. 그렇게 서둘러서 남긴 시간을 나는 과연 의미 있게 사용했던 걸까? 그렇지 않았다.

우리나라 고속도로에 나가면 반드시 보게 되는 것도 있다. 이른바 '칼치기'라고 하던가. 급하게 차선을 변경하며 다른 차의 진로를 방해하고 앞질러 나가는 차들 말이다. 결국 교통사고를 유발해 경찰이 "왜 그렇게 빨리 갔느냐"고 물어보면 대개 "약속 시각에 늦어서 그랬다"는 변명을 한다고 한다. 하지만 그건 대부분 거짓말이다. 그들은 그저 습관처럼 빨리, 그것도 남들보다 빨리 가고 싶었을 뿐이다.

우리는 왜 그렇게 성급함에 중독된 걸까? 그 기저에는 감수성이 예민한 민족성에 불안감이 더해졌기 때문인 것 같다. 우호적이지 않은 여러 강대국 사이에 끼어 있는 데다가 바로 북쪽에는 심심하면 미사일을 쏘아대며 위협하는 북한이 있다. 그러니 어찌 불안하지 않을 수 있겠는가. 다른 어떤 방해 요소가 생기기 전에 일을 완수해야 한다는 의지가 전 국민의 잠재의식에 DNA처럼 박혀 있는 것이다.

그뿐인가. 끊임없이 주입받는 경쟁의식도 있다. 과밀한 인구 덕에 주변의 경쟁자보다 앞서가려면 무엇이든 먼저 성과를 내야 한다. 그렇다. 우리는 그렇게 교육받았고, 그렇게 자랄 수밖에 없었다. 그런데 앞으로도 계속 그래야 할까? 이런 성급함을 대대손손 물려주는 것이 좋은 것일까?

빠른 결과를 추구하는 성급함은 진득하게 시간을 들여야 하는 기초과학이나 인문학을 홀대하는 풍조를 낳았다. 어느새 우리 사회는 당장 돈을 많이 벌 수 있는 직업이 가장 좋은 직업이라고 인식하게 되었다.

인문학의 부재로 의미 있는 삶이 어떤 것인지 생각하고 판단해볼 기회조차 얻지 못하게 되었다. 시작과 함께 곧바로 결과를 요구하니 시행착오나 실패할 엄두도 못내고, 그 부담을 감당하지 못하는 젊은이들은 허황한 사이비 종교에 놀아나거나 자살을 선택한다.

이런 사회에서 자신만의 주관으로, 자신만의 속도로 살아가겠다는 것은 쉽지 않은 일이다. 하지만 마흔을 앞두고 있다면, 이제 스스로 속도를 결정했으면 좋겠다. 성급할 땐 성급하더라도 시간을 들여야 하는 일엔 충분히 시간을 들이겠다는 결정을 해야 한다. 숨차게 달리기만 해서는 볼 수 없는 것들이 주변에는 너무 많다.

시기

·

부러워하는 마음,
거기에서 끝내세요

시기猜忌는 나이를 떠나 약한 인간이면 누구나 가질 수 있는 성
정이다. 나이를 먹었다고 시기하는 마음을 모두가 딱 끊을 수 있
을 거라고는 나부터도 믿지 않는다. 사람은 누구나 남보다는 내가
더 잘되고 더 많은 걸 갖기 바란다. 나는 그렇지 못한데 다른 이는
행복해하고 계속 성공을 이루어나간다면 자신의 처지가 상대적으
로 불행해 보인다. 마음이 불편해진다. 상대가 피할 수 없이 자주
봐야 하는, 가까운 친구나 가족이면 더하다. 본인의 문제뿐만 아니
라 자식의 입시, 취업 문제로도 서로 비교하며 고통을 받기도 한
다. 그렇게 처치 곤란한 것이기에 우리는 더 많이 시기에 대해 묵
상하고 자신을 돌아봐야 하지 않을까.

존 놀스의 소설『분리된 평화A Separate Peace』는 2차 세계 대전을 앞둔 즈음 미국의 한 기숙학교에서 16세 소년들 간에 일어난 일을 그리고 있다.

주인공 진은 그곳에서 피니어스를 알게 된다. 운동도 잘하고 말주변이 좋아 선생님은 물론 친구들 사이에서 인기 있던 피니어스는 진에게도 허물없이 대한다. "누군가가 무엇을 정말로 좋아한다면 그쪽에서도 그 사람을 좋아해주기 마련이다. 어떤 방식으로든." 이런 말을 할 정도로 피니어스는 세상에 대한 확실한 믿음과 사랑을 가진, 건강한 소년이었다. 그러나 그런 그를 지켜보던 진의 마음속에 이런 생각이 피어오른다.

'피니어스는 사실 나를 경계하고 방해하려는 게 아닐까. 어쩌면 모든 게 냉혹한 책략이고 계산된 행동이며 나를 향한 적의일지도 몰라.'

그러나 피니어스는 한순간도 진에 대해 시기하거나 질투한 적이 없었다. 진은 그 사실을 깨닫게 되자 오히려 명백한 패배감과 강렬한 시기를 느끼고 함께 올라간 나뭇가지를 흔들어 피니어스를 강둑 위로 떨어뜨린다. 만능운동선수이자 사랑이 넘치던 한 소년의 인생이 그렇게 어그러진다. 이 책은 미국에서 청소년 필독서로 알려져 있다고 하는데, 그 이유와 가치를 충분히 이해할 것 같다.

우리 사회에서는 사람들 간의 비교 경쟁이 더욱 공공연하다. 언제 어디서나 누가 더 나은지를 계속 분별하고 밝히려고 한다. 그런 분위기가 어쩌면 인간 사이의 시기를 더욱 부추기는 것인지도 모르겠다.

나 역시 예전엔 사회적으로 성공한 사람들이 뉴스에 등장하면 제일 먼저 그 사람의 나이를 확인하곤 했다. 내 나이와 거리가 멀면 별 느낌이 없었지만, 또래라고 하면 문득 상실감이 들곤 했다. 저 사람은 저렇게 성공했는데 나는 무엇을 한 건가. 동갑내기 유명 스포츠 선수나 연예인이 같은 학교에 다닌 경우, 한편으론 신기해했으면서도 또 한편으론 '뭐가 대단하다는 거야?' 삐죽거리며 흠을 잡기도 했다. 성공한 사람을 그 자체로 보지 않고, 언제나 나와 비교하며 마치 그가 나의 기회를 박탈한 것 같은 착각을 일으킨 것이다.

물론 약간씩의 시기나 질투는 자연스러운 일이다. 옆집이 새 차를 샀다는데, 매주 교회에서 보는 친구에게 멋진 남친이 생겼다는데, 지인의 아들이 의대를 갔다는데, 그렇지 못한 내가 아무렇지도 않다면 그것은 둔감하거나 솔직하지 못한 것이다. '와, 좋겠다!' '부럽다!' 하는 감정을 한순간 느낄 수 있다. 문제는 그 단계를 넘어가 '그런데 왜 나는 안 되는데?' 할 때 발생한다. 특히 자신이 꼭 성취하고 싶었던 분야, 간절히 갖고 싶었던 어떤 지위나 역할을 남이 차지했음을 알게 되었을 땐 소설 속의 진처럼 잘못된 선택을 할 가능성이 있다. 자신은 열심히 노력해도 갖지 못했는데, 그는 운이 좋아서 갖게 된 것 같아 억울한 것이다. 그리하여 상대방을 무너뜨리고 싶은 감정까지 품는다. 그렇지만 그를 파괴한들 무엇이 달라질까?

또한 다른 사람들의 눈에는 시기하는 사람의 끔찍한 모습이 그대로 보인다. 이 소설에서도 진이 피니어스를 떨어뜨리는 장면을 멀리서 본 친구가 있었다. 그는 진의 행동에 공격성이 내포되어 있었음을 간파한다. 특히 시기하는 일이 일상다반사가 되어 모든 사람을 깎아내리려는 데 혈안이 된 사람은 표정만 봐도 무언가 확실히 다르다. 두 눈 가득 살기가 어려 있고, 입술은 언제나 씰룩거린다. 그 표정은 나이가 들수록 더욱 선명해질 것이다. 그걸 어떻게 숨길 수가 있을까.

그렇다면 무엇이 시기에 지는 인간과 시기에 이기는 인간을 가를 것인가? 시기를 느낀 것은 인정하되 그것을 표현하거나 그것을 시작으로 하여 다른 일을 파생시키지 않는 게 최선이다. 마음속으로는 '아, 부럽다' 할 수 있다. 하지만 곧바로 '이것으로 끝'을 외치는 것이다. 그 이상으로 나아가는 것은 자신의 불행을 자초하는 일이다. 비록 우리가 썩 대단한 인생을 살지는 못했지만 매 순간 떳떳하게, 그리고 성실하게 살았다는 사실은 자기 자신이 가장 잘 알고 있지 않은가. 그 떳떳함에 시기라는 더러운 얼룩을 남길 필요는 없다.

짜증

●

짜증 내도 되는
상대는 없어요

짜증이라는 단어는 어린 시절 내게 유난히 친숙했다. 돌이켜보면 그 시절엔 대화 중 불쑥 짜증을 내는 사람들이 많았다. 가족도 그랬고, 선생님도 그랬고, 친구도 그랬고, 가게에서 길에서 거의 모든 사람이 '한순간' 짜증을 내곤 했다. 그만큼 일상적이었지만, 그래도 적응되지 않는 일이었다. 뭔가 신호가 있으면 알아서 피할 텐데, 보통 짜증은 기습적으로 또 일방적으로 등장해서 사람을 깜짝 놀라게 한다.

"아이씨…. (보통 뒷말은 잘 안 들린다)"

"하필이면 지금…. (역시 혼잣말처럼 중얼거린다)"

정확한 문장으로 나를 공격한 것은 아니지만 저런 말을 듣고 아무렇지 않을 사람은 없다. 짜증을 내는 사람은 상대가 자신을 귀찮게 했다거나, 자존심을 건드렸다거나, 말도 안 되는 요구를 했다는 등의 이유를 대지만 짜증을 들은 사람은 당황스럽고 무안해서 어찌할 바를 모르게 된다.

어린 시절, 엄마는 유난히 짜증이 많았다. 엄마가 외출했다가 돌아오면 자식인지라 본능적으로 반가운 마음이 울컥 들었다. 그런데 잠시 후 엄마는 "아이, 이게 왜 여기 있어"라거나 "치우는 사람 따로 있고, 어지르는 사람 따로 있지, 어이구!" 하며 짜증을 내곤 했다. 엄마가 돌아와서 기뻤던 내 마음과 달리 엄마는 집에 돌아온 것을 싫어한다는 느낌이 들었다. 그때마다 나는 엄마의 눈치를 보며 같이 집안을 정리하는 시늉을 했다.

어른이 되고 난 뒤에야 나는 엄마의 그런 짜증이 원래의 성정이 아니라 그저 약자를 다루는 방법이었다는 것을 깨달았다. 하긴 자신보다 강한 사람에게 짜증을 내는 사람은 없다. 내가 이런 식으로 얘기해도 되는 사람이라는 판단을 한 후에야 짜증의 보따리를 풀어내는 것이다. 엄마의 짜증은 내가 대학을 가면서 한풀 꺾였고, 사회생활을 시작하면서 완화되었다. 그러나 짜증을 내던 대표적인 사람의 모습으로 여전히 엄마가 떠오르는 것은 어쩔 수 없다.

엄마의 예처럼, 짜증은 보통 그래도 된다고 판단했을 때 터진다. 명백한 분노가 아니기에 나중에 사과할 필요도 없다. 짜증을 들은 사람이 어떤 상처를 입었든 본인이 알아서 소화하고 정리해야 한다. 이 문제를 가지고 들고 일어서면 "뭐 그런 걸 가지고 그래" 하는 반응이 나온다.

하지만 짜증이 위험한 건 결국 이것이 다른 이들에게 전염되고 퍼진다는 것이다. 처음엔 한 사람이 짜증을 낸다. 그런데 특별히 갑을관계가 아니라면, 다른 사람이라고 참고만 있을 이유가 없다. 그 옆 사람도 받아친다. "아이씨…" 또는 "뭐래?" 한다. 순식간에 분위기는 얼어붙어 살얼음판이 된다. 이제 그 공간의 사람들끼리 짜증 배틀이 시작된다.

짜증에서 끝나면 그나마 다행이다. 우리 가족의 경험에서 보면 짜증은 종종 고성과 싸움으로 번졌다. 어쩌면 짜증은 부정적인 감정의 가장 기초단계라고도 볼 수 있다.

짜증에 질렸으면서도, 나 역시 적지 않게 짜증을 내곤 했다. 그것은 방귀나 기침처럼, 인간이라면 어쩔 수 없이 터져 나오는 불쾌한 감정이라고도 생각했다. 그러니 모두가 짜증을 낸 경험이 있을 것이고, 모두가 짜증을 내고 싶지만 대개 참고 있을 뿐이라고 믿었다.

그런데 원가족과 떨어져 지내고, 다른 부류의 사람들을 만나면서 그게 그렇지 않다는 것을 알게 되었다. 어떤 사람들은 짜증을 낼 만한 상황인데 전혀 짜증을 내지 않았다. 나는 그동안의 교육 효과로 인해 사람이 짜증을 낼 수 있는 상황에 대해 촉이 발달한 편이다.

그런데 아무리 짜증을 낼 수 있는 장이 마련되어도(?) 짜증을 내지 않는 사람들이 있었다. 그중 하나가 남편이었다. 내가 농담을 빙자해 약점을 건드려도 그는 웃어넘길 뿐이다. 부탁한 일을 깜빡 잊고 하지 않았어도 어깨를 으쓱하면 그만이다. 성당에 다니고, 좋은 책을 읽던 나도 끊지 못한 게 짜증이었는데 그에게는 그런 게 없다. 남의 실수에 피해당하는 상황에서도 그저 "별일 아냐" 하며 끝냈다. 가족의 짜증 때문에 오랫동안 전전긍긍하며 살았던 내게 짜증 없는 성격의 남편이란 전혀 다른 세상을 보여주는 존재였다.

짜증을 안 내는 일, 생각해보면 그것은 아주 간단하다. 세상에 나보다 높은 사람도 없지만, 나보다 낮은 사람, 함부로 해도 되는 사람이란 없다고 믿는 것이다. 또한 무슨 일이든 그럴 수 있다고 너그럽게 받아들이는 것이다. 정리하자면 겸손과 절제를 갖추는 것이다. 그런 마인드가 더욱 커지면 세상에 인간보다 덜 중요한 동물도 없고, 인간만을 위해 자연을 남용해서는 안 된다는 것에까지 가닿는다. 혹시 당신이 지구를 위해 할 수 있는 거창한 일을 꿈꾼다면, 가장 먼저 누구에게도 짜증을 내지 않겠다는 다짐으로 시작하는 건 어떨까.

감정

•

금방 사라질 그것에
휘둘리지 마세요

캐나다 작가 앨리스 먼로의 작품 중에 『거지 소녀The Beggar Maid』
라는 연작소설집이 있다. 이 중 『특권』이라는 소설은 주인공 로즈
의 학창시절을 다루고 있다. 시골 마을의 넉넉지 못한 가정에서
자란 로즈는 그 시절을 추억하면서 그녀가 흠모했던 선배 언니 코
라를 떠올린다. 코라의 말 한마디, 행동 하나하나를 기억하고 있을
만큼 로즈는 그녀를 좋아했다. 심지어 사랑이라고 생각했다. 사랑
하는 그녀에게 주기 위해 새엄마의 가게에서 사탕을 훔치기까지
했다. 그리하여 새엄마 플로도 로즈가 코라를 특별히 여겼다는 것
을 알게 된다. 그러나 훗날, 그 시절을 떠올리며 로즈는 이런 말을
남긴다.

"사실은 기억했으나, 감정은 기억나지 않았다."

사람을 그토록 열에 들뜨게 했던 감정은 어디로 간 걸까? 사랑했던 상대방이 추하게 변해서도 아니다. 좀 더 멋지게 변했다 하더라도 그 감정은 절대 같을 수 없었을 것이다. 로즈가 만약 감정에 휩싸여 사탕 따위를 건네는 것을 뛰어넘는 좀 더 중대한 결정이라도 했더라면 어떻게 되었을까? 이불킥으로는 해결되지 못할 만큼 후회스러웠을 것이다. 감정, 모든 일의 시작이었던 그때 그 감정이 다 도망가버렸으니까.

어릴 적 일기장을 모은 상자를 열어보면서 나도 비슷한 느낌을 받은 적이 있다. 과거의 나는 어떤 사람에 대해 잔뜩 화가 나서 분노의 일기를 적었다. 반대로 흠모의 연애편지를 쓰기도 했다. 매일매일 연모하는 누군가의 일거수일투족을 낱낱이 적어놓기도 했다. 그런데 이제 그 일기장을 펼쳐보면 전혀 다른 느낌이다. 분명히 내가 겪은 일을 내가 썼음에도 그 일에 내가 왜 그리 화가 났었는지, 또 왜 그리 달콤한 감정에 젖었는지 이해가 가지 않는다. 한 걸음 한 걸음이 고귀했던 그 사람에 대한 내 마음? 너무 낯설다. 그때의 감정이 완전히 휘발되어버린 것이다.

심지어 상대방의 이름은 기억해도 얼굴이 아예 떠오르지 않는다. 이제 남은 것은 아주 객관적인 사건 그 자체뿐이다. 나는 이런 사람을 만났었구나, 그리고 당시엔 감정에 휩싸였었구나, 그리고 지금의 나는 다 잊어버렸구나.

과거를 잊지 않기 위해 썼던 일기지만 정작 일기는 내 기억을 돕지 못했다. 이렇듯 감정이 사라진 시기에 다른 시각으로 보면 대개의 사건은 나와 동떨어져서 조금은 초라하고 희미한 모습으로 존재한다. 감정에 휩싸여 감정의 판단에 좇는 것은 얼마나 위험한 일인지.

여기에서 영화 〈데미지〉를 떠올리지 않을 수 없다. 의사 출신 장관인 스티븐 플레밍은 우연히 만난 아들의 연인 안나에게 첫눈에 반한다. 그녀는 그에게 너무 특별해 보였다. 그는 자신의 감정에 충실하기 위해 아내와 이혼하고 안나와 새 인생을 꾸리겠다는 계획까지 세운다.

그러나 결과는 비극이다. 그는 숨기고 눌러야 할 감정에 따라간 죄로 모든 것을 잃어버린다. 감정에 의해 움직인 것은 안나 역시 마찬가지다. 그녀는 뭔지 모를 매력을 느낀 남자에게, 그가 애인의 아버지임에도 불구하고 맹목적으로 다가간다.

그들은 인생에서 타오르는 감정을 억눌러왔다가, 어느 순간 그렇게 억누르기만 하는 것은 약한 자의 선택이라고 판단했는지도 모른다. 인생의 승자가 되려면 감정에 따라가도 되지 않나, 하는 오만을 부린 것이다.

그러나 홀로 남은 스티븐 플레밍은 안나의 사진을 보며 이런 독백을 던진다. 모든 일이 끝난 뒤 공항에서 우연히 본 그녀는 다른 사람들과 전혀 다를 게 없어 보였다고. 저리 평범한 여자 때문에 가정과 사회적 지위 모두를 잃어버렸다는 것이 그에게는 너무 허망했을 것이다. 감정, 모든 일의 시작이었던 그때 그 감정이 다 도망가버렸으니까.

무조건 감정을 억제하라는 뜻은 아니다. 다만 감정을 억누르며 사는 것과 감정을 조절하며 사는 것은 다르다. 감정대로 사는 것과 감정에 충실한 것 역시 다르다. 평소 자신의 감정에 친숙한 사람이면 오히려 감정이 얼마나 어이없을 만큼 변덕스러운지 잘 알고 이를 조절할 수 있을 것이다.

당장에 나를 휘감고 불태우려 드는 감정일수록 가만히 지켜보고 가라앉히려 노력해야 한다. 감정은 사람을 쉽게 움직이게 하는 동력이 되기도 하지만, 중요한 순간에 미친 짓을 유발하는 기름이기도 하다. 감정을 빼고 생각했을 때 아무것도 아니라면, 그건 정말 아무것도 아닐 수 있다. 감정과 별개로 존재하는 객관적인 사실을 보는 눈, 그리고 별개로 존재하는 절대적인 자신을 잃어버리지 말아야 한다.

마흔을 맞이하며, 당신도 때론 들끓고, 때론 차갑게 식어버리는 감정이라는 녀석에 대처하는 자기만의 방법을 마련해야 할 것이다.

혐오

●

함부로 미워할 자격은
아무도 없어요

직장 일이 아닌 외부 일로 여러 사람과 정기적으로 만나던 때의 일이다. 대부분 같은 분야 사람들이었는데 딱 한 남자분만 다른 분야였다. 그는 예술가였고, 훌륭한 작품을 발표한 바 있었고, 행동에도 잘못이 없었다. 굳이 흠을 찾자면 사교적이지 못할 뿐이었다. 잘 웃지 않는 정도, 그리고 농담을 할 줄 몰라 수다스럽게 이야기에 동참하지 않는 정도.

그런데 나를 포함한 사람들은 그것을 못마땅해했다. 가진 것이라고는 수다 떨고 농담하는 재능밖에 없었던 주제에 말이다. 누가 먼저 그랬을까.

"저 사람 좀 이상하지 않아?"

누군가의 이 말을 듣자 사람들 각자는 마음의 빗장을 풀었다. 나만 그런 게 아니었어, 모두가 저 사람을 싫어하는구나. 그리고 그를 혐오해도 된다고 믿게 되었다. 사람들의 냉소와 비아냥이 점점 노골화되는 것을 느꼈기 때문일까. 그는 시간이 얼마 지나지 않아 그곳을 떠났다.

그때 나는 그가 빨리 사라져줘서 다행이라고까지 생각했다. 퍼트리샤 하이스미스의 『당신은 우리와 어울리지 않아』라는 소설을 읽은 뒤에야 소름이 끼쳤다. 내가 이런 짓을 했었구나.

소설 속 에드먼드 콰스토프는 키가 크고 조용한 성격을 가진 마흔 살의 세무사였다. 그와 모임을 하는 사람들은 모두 변호사, 저널리스트, 사회학자, 편집자, 박물관 사서, 화가 같은 지성인들이었다.

어느 날 저녁 식사 모임이 잡혔다. 아내로부터 이혼당하고 다른 여자와 재혼한 에드먼드는 새 아내를 그날 모두에게 소개하기로 했다. 그가 오기를 기다리던 중 누군가 이런 말을 한다.

"에드먼드가 원래 그렇게 따분한 사람은 아니었는데…. 안 그래요?"

이 말을 시작으로 사람들은 그에 대한 본심을 드러낸다. 사소하게는 그가 담배와 술을 끊은 것에 대해 시기하고, 새 아내가 이혼한 아내보다 못하다고 비웃는다.

에드먼드 부부가 도착한 뒤, 그가 달라진 일상에 관해 이야기하자 그들의 혐오는 더욱 거세진다. 조금 따분하고, 조금 답답할 뿐인 그를 향해서 말이다. 스스로 특권층임을 자부하면서도 그들은 한 인간의 삶을 파괴하는 일에 모두 동참한다. 그들에게 이해받기 위해 에드먼드가 꺼낸 모든 이야기는 에드먼드를 공격하는 수단이 되어 돌아온다. 결국 그들은 승리하고, 에드먼드는 패배한다. 한 남자가 자기 인생에 닥친 험난한 일을 조용히 헤쳐나간 것이, 그들에게는 왜 그리도 못마땅한 일이었을까?

독일의 저널리스트인 카롤린 엠케는 그녀의 저서 『혐오사회 Gegen den Hass』에서 이렇게 밝힌다.

"증오는 위 또는 아래로, 어쨌든 수직의 시선 축을 따라 움직이며 '높은 자리에 있는 자들'이나 '저 아랫것들'을 향한다. 그들은 언제나 자기 것을 억압하거나 위협하는 타자라는 범주다. … 타자는 비난하거나 무시해도, 심지어 해치거나 살해해도 처벌받지 않는다."

나와 다른 분야에서 일한다는 이유로, 내성적이고 조용하다는 이유로, 나아가 성소수자라는 이유로, 국적이 다르다는 이유로 사람들은 쉽게 나와 그를 구별하고 혐오한다. 혐오는 개인적으로 누군가를 잠깐 '싫어하는 감정'과 다르다. 항상 이유와 근거가 있고, 체계가 있고 때로 훈련되어 주변으로 전파되기도 한다. 어느 순간 세력이 된다. 그래서 더 위험하다.

얼마 전 우리나라에서는 남성에서 여성으로 성전환 수술을 받은 트랜스젠더 여성이 숙명여대에 합격했음에도 불구하고 반대에 부딪혀 등록을 포기한 사건이 있었다. 그녀의 입학을 반대한 여대 동아리 및 각종 단체 측에서는 그녀를 '여성의 기회를 빼앗는 남성'으로 인식했다. 그녀의 경우가 희귀한 케이스인 것은 사실이지만, 더는 남성이 아닌 그녀를 왜 과거의 성으로 간주하고 거부해야만 했는지 이해가 가지 않는다. 그것도 21세기의 상아탑 안에서 말이다.

이 사건이 있기 전에 이미 여성 혐오에 근거한 사건들이 발생해왔다고 해도, 혐오에 혐오로 맞서는 것은 결코 정당한 방법이 아니다. 혐오가 언제나 약한 자, 조용한 자, 방어능력이 없어 보이는 자에게로 향한다는 것에 우리는 진심으로 부끄러움을 느껴야 한다.

혐오하는 자는 경직되어 있다. 직장에 매여 있던 예전의 나는 자유롭게 자기 안의 평화를 지키고 있던 예술가를 감히 혐오했다.

소설 속의 가해자들은 자신들이 특권층이라는 우월의식에 사로잡혀 특권층이 아니면서 행복을 넘본 자를 혐오했다. 나이가 들면 경직성은 더욱 심해질 것이다. 마흔을 넘기는 순간, 스스로 이런 경직성에 함몰되는 것은 아닌지 반드시 돌아봐야 한다.

연민

·

초조한 마음에
지면 안 돼요

웨스 앤더슨 감독의 영화 〈그랜드 부다페스트 호텔〉은 이런 내
레이션으로 시작된다.

"작가란 언제나 머릿속으로 상상의 나래를 편 채 무궁무진한
소재를 가지고 끊임없이 사건과 이야기를 만들어내는 사람이라고
생각하겠지만, 그것은 잘못된 생각이다…"

이 문장이 스테판 츠바이크의 소설 『초조한 마음Ungeduld des
Herzens』에서 따온 것임을 나는 훗날 알게 되었다. 잘 모르던 감독
으로부터 역시 잘 모르던 작가의 책을 소개받은 셈인데, 이 독서
로 인해 뜻밖에 '연민의 독'이라는 것을 깨달았다. 연민憐憫은 한마
디로 다른 사람의 처지를 불쌍히 여기는 마음이자 상대의 슬픔을

견디기 힘들어하는 감정이다. 그런데 왜 나는 연민을 마흔이 되기 전에 끊어야 할 것으로 골라냈을까?

『초조한 마음』의 주인공 호프밀러 소위는 한 저택에서 벌어진 연회에 초대되고 별생각 없이 저택의 주인 딸 에디트에게 춤을 신청한다. 그러나 에디트는 목발 없이 걸을 수 없는 장애를 가지고 있었다. 자신이 저지른 무례에 보상하고 싶어진 호프밀러는 정중한 사과를 한 후 그 집을 매일 방문하게 된다. 거기엔 연민이 작용했다. 그 이상도 그 이하도 아닌 연민.

호프밀러는 자신이 다른 누군가를 기쁘게 할 수 있다는 것, 남을 도울 수 있다는 것 자체에 큰 만족을 느낀다. 그러나 어느 순간 그녀의 마음이 자신에 대한 연정으로 바뀐 것을 깨닫게 되면서 엄청난 당혹감을 느끼게 된다. 에디트의 주치의 콘도어는 그런 호프밀러에게 이런 말을 들려준다.

"연민이라는 것은 양날을 가졌답니다. … 제대로 다루지 못하는 연민은 무관심보다도 더 좋지 못한 결과를 가져옵니다. 우리 의사들은 그 사실을 잘 알고 있고 판사나, 법 집행관, 전당포 주인도 마찬가지입니다. 모두가 연민에 굴복한다면 이 세상은 제대로 돌아가지 않을 겁니다."

어쩌면 연민이란 남의 불행을 보고 느끼는 충격과 부끄러움에서 빨리 벗어나고 싶은 소심한 인간들의 초조한 마음에 불과하다는 것이다. 사실 많은 사람이 그러하다. 누군가를 보고 연민을 느끼는 순간 마치 의무처럼, 자동 반사처럼 상대방을 배려하고 도우려는 의지를 발동시킨다. 나는 좋은 사람이고, 이 정도는 할 수 있다고 믿으며. 성금을 내고, 방문을 하고, 위로의 말을 건네고, 혀를 차며 안타까워한다. 하지만 그것은 불편해진 자신의 마음을 가볍게 떨어버리려는 의도일 수 있다. 연민의 대상이 만약 내가 줄 수 있는 것이 아닌 다른 것 혹은 그 이상을 원할 경우, 당장 발을 빼고 도망갈 궁리를 하지 않을 자신이 있는가.

우리 주변에는 언제나 다른 사람의 도움을 받아야만 하는 사람들이 존재한다. 우리가 연민을 느끼지 못하고 냉혈한처럼 마음의 문을 닫고 산다면 그들과의 공생은 불가능할 것이다. 하지만 마치 공식처럼 단순하게 남을 돕는 것은 좋은 것, 우리는 모두 연민을 가져야 하고 남을 돕는 일에 열중해야 한다고 믿는 것 역시 위험하다. 특히 너무 선량한 사람, 거절해야 할 때조차 거절하지 못하는, 자기 방어력이 약한 사람에게는 말이다.

나 역시 한때 습관처럼 결핍이 있는 남자들에게 관심을 가졌던 적이 있다. 무난한 가정에서 어려움 없이 성장한 남자들에게는 솔직히 매력을 느끼지 못했다. 반대로 어딘지 그늘이 있거나, 곤란에 처해 있거나, 한마디로 연민을 불러일으키는 상대여야 마음을 열 수 있었다. 내 안의 어둠이 끌어당겼는지도 모르고, 사람에게 그런 빈틈이 있어야 내가 '함부로' 그 인생에 끼어들 수 있겠다고 생각했는지도 모르겠다. 하지만 그런 부자연스러운 관심이 건강한 관계를 만들 수 없게 했던 것은 당연하다.

당신도 한번 자신을 돌아보라. 상대방보다 썩 나을 것 없음에도 감히 남에게 연민을 느끼고, 남의 인생에 참견하고 싶어 한 적은 없는지. 소설 속 호프밀러는 신체적으로는 정상일지 몰라도 경제적으로, 그리고 사고하는 측면에서는 목발이 필요한 사람이었다. 우리도 마찬가지다. 외면은 멀쩡하다 해도 내면적으로 사소한 연민에 동정을 베푼 뒤 모두에게서 인정받거나, 칭찬받고자 하는 지지리 못난 측면이 있지 않은가. 그런 상황에서 남의 인생에 함부로 관여하는 일은 서로에게 불행이 될 수 있다. 상대방은 기대를 키우고 자신은 상대방에 대한 부담감과 자신에 대한 자괴감을 키우게 되므로.

그럼 연민을 느낀 후엔 어떻게 해야 할까? 먼저 자신의 한계를 파악해야 한다. 그리고 과도하게 '좋은 사람' 코스프레를 하지 않도록 주의했으면 한다. 그저 곁에 있어줄 수 있는 친구, 동료, 이웃이라는 점에 만족하도록 하자. 그 이상의 찬사나 인사치레를 기대하며 연민에 지나친 발동을 걸지 말아야 한다. 길에서 머무는 노숙자라고 해도 모든 사람에게는 각자의 길과 각자의 행운이 있다. 꼭 내가 그 사람의 인생에서 영웅이나 구세주가 되어주려고 애쓸 필요는 없다. 물론 소설 속 콘도어처럼 상대가 무엇을 원하는지 분명히 알고 함께 모든 것을 견디며 극복하겠다는 의지까지 가질 수 있다면 이런 조언조차 필요 없겠지만 말이다.

중독

●

생각하는 나를
찾으세요

일로 만난 어떤 사람과 간단한 식사를 한 후 카페로 자리를 옮겼을 때였다. 사실 그는 처음부터 나와의 대화에 썩 집중하지 못하는 느낌을 계속 주고 있었다. 퇴근 이후 시간이니 다시 회사에 들어가야 할 것 같지는 않은데 왜 이리 불안해 보일까.

카페에 앉은 후에야 그 이유를 알 수 있었다. 그는 계속 "잠깐만요" 하면서 자신의 스마트폰을 꺼내어 SNS 댓글을 확인하고 답을 하는 것이었다. 회사 SNS를 관리하는 일도 겸임하나보다, 하고 널리 이해하려던 찰나, 그는 자랑스럽게 그것이 자신의 개인 SNS이며 팔로워 숫자가 엄청나다고 이야기했다.

"아, 그러세요?"

이 말을 듣고는 비로소 그가 나와 얘기하는 동안, 처절한 SNS 금단 증상에 시달렸다는 것을 깨달았다. 자신의 한 마디에 영향을 받아 수백 개의 '좋아요'가 달리는 SNS 안은 얼마나 달콤할 것이며, 그 밖의 세상은 그에게 얼마나 시시하고 지루했을까. 이해는 했지만 어쨌거나 그 순간, 그의 눈앞에 실존하던 대상임에도 눈에 보이지 않는 팔로워들보다 존중받지 못했다는, 서운한 느낌은 지우기 힘들었다.

예전에는 중독이라고 하면 알코올이나 마약, 도박 같은 것을 떠올렸지만 요즘은 그 범위가 더욱 확장되었다. 게임, SNS, 운동 나아가 사이비 종교까지. 여기서 사이비 종교를 붙인 것은 그들의 증상이 중독자의 증상과 유사하기 때문이다. 무엇이든 한 인간의 일상을 침범하고 사회적 관계에까지 영향을 끼친다면 그것은 중독에 해당한다고 생각한다.

중독은 내 마음대로 멈추거나 조절할 수가 없다. 때론 자신의 모든 것을 지배하는 힘을 발휘하기도 한다. 대다수 사람은 잠깐씩 뭔가에 빠지긴 해도 그것이 그리 오래가지 못한다. 관심사를 여러 곳에 분산시키는 게 생활에 더 안정적이고 효율적이기 때문이다. 반면에 뭔가 한 가지에 미친 듯이 빠지는 사람에게는 다음과 같은 공통점이 있지 않은가 싶다.

우선 그들은 현재 자신의 삶에 만족하지 못한다. 남편과 아이들이 있는 가정주부인데도 아이돌 팬 활동에 중독된 경우를 본다. 그들은 앨범을 사고 음악을 즐겨 듣는 것에 그치는 게 아니라, 콘서트를 보기 위해 해외공연까지 따라가는 수준이다. 젊어서부터 내내 직장과 가정을 위해 희생만 했고, 제대로 '놀아본' 적 없다는 결핍감에서 오는 과몰입이다.

공부에 취미가 없는데 공부를 해야만 하는 학생들은 도피처로 '게임'에 몰두한다. 각 분야 전문가들의 솜씨로 제작된 게임은 현란한 이미지와 흥미로운 시나리오로 중독될 의지가 없는 사람도 쉽게 끌어들이는데 공부 말고 다른 것을 찾는 아이들에게는 얼마나 더 매력적이겠는가.

몸매를 계속 잘 관리해야 한다는 강박이 있는 경우엔 운동에도 중독된다. 나 같은 사람은 이해하기 힘든 일이지만 더는 완벽할 수 없는 몸매임에도 그들은 운동에 매진한다. 그런 사람들은 현재 자신의 완벽한 몸매가 눈에 보이지 않고, 어쩌면 더 살이 찔 미래의 모습, 많이 퍼져 있던 과거의 모습만 머릿속에 가득한 것이다.

또 하나는 그들에겐 자신의 부정적인 감정을 표현할 상대가 없다. 사람이 슬플 때는 슬퍼하며 울고, 위로받고, 실망했을 때는 어떤 방식으로든 실망을 표현한 뒤, 또 위로받아야 한다. 그런데 가족이나 친구와의 관계가 원만하지 않은 경우, 이러한 부정적인 감정을 받아줄 상대가 없다. 그래서 자신의 진짜 감정을 속으로 누르고 있다가 엉뚱한 중독 대상에게 쏟아붓는다. 아이돌을 향해 웃는 듯 울고, 게임 속 캐릭터 옷을 빌려 입어 화풀이를 하고, SNS에 현실에서 표현할 수 없는 감정을 적는다.

최근 사회적인 문제를 일으킨 한 사이비 종교단체는 한 개인을 철저히 분석해서 그의 약한 부분을 파고든다고 한다. 자기 이야기만 쏟아내려고 하는 '일반' 사람들과 달리 자신만을 위해주고, 챙겨주고, 모든 불안과 걱정을 다 듣고 잠재워주는 '그쪽' 상대가 어찌 좋아 보이지 않을까. 그렇게 자신에게 입안의 혀처럼 구는 사람에게서 벗어난다는 것은 외로운 사람의 처지에선 무척 아쉽고 미련이 남는 일이다. 바쁜 현대사회에서 그런 존재가 있다는 것을 쉽게 믿었다는 자체가 어리석은 일이라는 게 씁쓸하지만 말이다.

결국 뭔가에 중독되었다는 것은 자신의 삶에 개선되어야 할 무엇이 있다는 것이다. 자신에게는 힘이 없어 어쩔 수 없이 중독에 끌려 들어갔다는 거짓 믿음을 버리고 강하고 당당한 주체자로서 게임이나 SNS, 운동이나 사이비 종교 뒤에 숨어버린 진짜 문제를 찾아 들여다봐야 한다. 그 어떤 것도 '생각하는 나'보다 강하게 내 삶을 좌지우지할 수는 없으니까.

forty comes to anyone

PART 2

습관처럼 지닌
낡은 것들

원래 내가 가지고 있던 본성이라고, 이게 내가 세상을 살아왔던 법이
라고, 언제나 그랬기에 더는 어쩔 수 없는 것이라고 믿었던 것들은 이
제 내려놓는다. 세상도 바뀌었지만 나도 바뀌었다. 고정된 생각의 틀
을 벗어나 새로운 시각으로 마흔이 된 나를 돌아보고 나를 바꾸어야
한다. 새 술을 새 부대에 담듯, 마흔에 만나는 새 삶에는 새로운 내가
필요하다.

forty comes to anyone

지레짐작

●

쉬운 판단 그 너머에
진실은 있어요

성실하지만 가난한 남편과 결혼해서 살던 여자는 어느 날 남편 직장에서 열리는 파티에 참석하게 된다. 여자들 대부분이 그렇듯 기쁘기보다 걱정이 앞선다. 뭘 입고 가지? 가까스로 새 옷은 장만했다. 하지만 이것만으로는 부족하다. 여전히 초라하다. 친구에게서 눈부시게 화려한 다이아몬드 목걸이 하나를 빌린다. 파티에서 그녀는 우아하게 빛났고 행복을 만끽한다.

그런데 돌아오는 길, 목걸이가 사라진다. 그녀는 고민한다. 어떡하지? 결국 빚을 내서 똑같은 다이아몬드 목걸이를 사서 친구에게 돌려준다. 진실은 10년 뒤에나 밝혀진다. 그 목걸이는 진짜가 아니었고 싸구려 모조품이었음이. 10년 세월 동안 빚을 갚느라 고

생하고 늙어버린 여자는 허탈해진다. 왜 그것이 당연히 진짜일 것이라고 지레짐작했을까?

아무도 '지레짐작을 해야지' 작정하고 하진 않는다. 하지만 일상생활에서 그런 일은 우리가 의식하지 않는 사이에 수도 없이 일어난다.

특히 다른 사람에 대해 우리는 온갖 지레짐작을 한다. 외제 차를 탄다면 연봉이 높을 것이라고, 남루한 옷을 입었으면 그 반대일 것이라고 판단한다. 전 재산이 차 한 대인 사람도 있고, 억대 연봉을 받아도 옷 사는 데는 절대로 돈을 쓰지 않는 사람도 있다는 것을 간과하는 것이다. 회사에 자주 지각하는 직원에 대해서도 저간의 사정을 들어볼 생각은 하지 않는다. 게으르고 무책임해서 그런 것이라고 그냥 쉽게 꼬리표를 달아버린다. 그녀가 매일 이용할 수밖에 없는 대중교통에 얼마나 많은 사람이 몰리는지, 열차가 얼마나 지연되는지에 대한 이해는 생략하고서 말이다.

우리가 지레짐작을 남발하는 이유는 무엇일까? 매 순간 눈앞의 인물이나 상황에 대해 새롭고 정확한 판단과 분석을 하기 위해서는 별도의 에너지가 필요하기 때문이다. 과거의 지식, 선입견, 편견을 배제하고 온전히 눈앞의 현실을 봐야 하는데 그게 쉽진 않다. 그러다 보니 가장 편한 길을 택하는 것이다.

이 글의 서두에 나온 모파상의 단편소설『목걸이The Necklace』의 그녀처럼 다른 일에 온통 마음이 사로잡혀 있을 때도 그렇게 된다. 친구 사이인데 '이것 진짜니?' 혹은 '얼마짜리니?' 정도는 물어볼 수도 있었을 텐데 말이다.

그동안 들은 것도 많고, 아는 것도 많아졌다고 믿는 마흔의 나이에는 더욱 그렇게 되기 쉽다. 겉치장이 화려하고 화장이 진한 여성을 보면 성격도 그처럼 강할 것으로 생각해버린다. 반대로 화장기 없고 옷차림도 수수한 여성을 보면 일생을 바르고 청렴하게 살아왔을 것으로 믿는다.

하지만 최근에 밝혀진, 수많은 악행을 저지른 범인들의 그 수더분하고 평범한 얼굴을 보라. 주워들은 관상의 지식이나 정보에 대입해보면 그들은 '순하고, 낙천적이고, 남의 말을 잘 들어 사기를 당하기 쉬운 상'이기까지 하다. 그런 인간들이 악의적으로 수많은 사람의 삶을 파괴했다. 우리가 지레짐작으로 읽어낼 수 있는 것은 아무것도 없다.

이런 지레짐작이 위험한 것은 친구나 애인, 가족과 같이 사랑하는 사람들에게도 돌이킬 수 없는 실수를 저지르게 되기 때문이다. 애인이 부쩍 만나기를 피하고 연락이 뜸해지면, 곧바로 '나에게 싫증이 났구나' 하고 의기소침해진다. 하지만 집안에 큰일이 생겼을 수도 있고, 직장 내에서 곤란한 처지에 처했지만 상대에게 걱정을 전하고 싶지 않아 연락을 자제하고 있는지도 모른다. 가슴 아프게도 심각한 질환이 발견되어 혼자만의 시간이 필요한 것일 수도 있다.

세상에는 가볍게 몇 마디로 전달하기 힘든 진실이라는 게 있는 것이다. 영화에서 이런 경우 연인은 흔히 지레짐작만으로 실망해 멀리 떠나버리곤 한다. 그때마다 관객들의 속은 얼마나 타들어갔던가. 그러니 현실에서는 어떤 결론을 내리기 전에 용기 내어 한 마디를 해야 한다.

"요즘 무슨 일이 있는지 솔직하게 얘기해줘."

어떤 반응이 오더라도, 지레짐작으로 인한 부정확한 판단보다는 낫다. 소중한 사람을 파악하고 이해하는 일에 대해서는 부디 귀찮아하거나 생략하거나 하는 일이 적었으면 한다. 조금만 더 에너지를 내어보자.

물론 나 역시 그간 살아오면서 수없이 많은 지레짐작을 하며 살아왔다. 딱 한 번 본 것이 전부인 것처럼, 다른 사람들에 대해 넘겨짚고 결론을 내리기도 했다. 짐작이 맞았던 일도 있었지만, 전혀 달랐던 경우가 훨씬 더 많았다. 마음속의 일이라 누구에게도 사과할 순 없었지만, 문득문득 차오르는 민망함과 자괴감이 언제나 그대가였다.

　섣부른 지레짐작으로 인생의 중요한 것을 잃지 않았으면 한다. 소중하게 지켜야 할 것이 많아진 마흔에는 더 그렇다.

낭비

●

있을 때
아껴요

어찌보면 부끄러운 기억이지만 4년 전, 우리 가정은 완벽한 궁핍에 직면한 적이 있다. 남편 월급에 두 사람이 오롯이 의존하고 있었는데 남편 직장의 사정이 좋지 않아 석 달째 월급이 나오지 못했다. 불과 석 달을 버틸 예금도 없던 우리는 매 순간 불안에 시달렸다.

어쩔 수 없이 내야 하는 관리비나 공과금을 내고 난 후 텅텅 소리가 날 것 같은 통장을 보며 나는 점점 우울해져 갔다. 남편은 휴일 알바라도 해야겠다며 매일 이곳저곳에 이력서를 보냈다. 이미 여러 차례 퇴짜를 경험했던 나는 포기 상태였다.

마침내 한 군데에서 남편에게 면접을 보러오라는 연락이 왔다.

가장 깔끔해 보이는 양복을 남편에게 입혀서 보냈다. 도착했다는 문자, 사장을 기다리고 있다는 문자… 그리고 10분도 안 되어 이제 집으로 간다는 문자. 그 10분 사이에 무슨 이야기가 오갔을까? 너무 궁금해하고 있는데 남편은 허탈한 표정으로 고개를 절레절레 흔들며 들어섰다. 그쪽에서 자신은 그곳과 맞지 않는 것 같다고 했단다.

하긴 푸른 눈을 가진 프렌치 레스토랑 매니저가 인도 뷔페식당에서 일하는 것은 누가 봐도 어울리지 않는다. 와인을 권할 수도 없고, 음식에 관해 설명할 기회도 없을 터였다. 그것은 그도, 나도 이미 알고 있었다. 하지만 이렇게 어디에라도 매달려야 할 만큼 우리는 돈에 갈급했다.

어쩔 수 없이 지난 일 년간의 소비생활을 돌아보게 되었다. 그때 우리는 하루 만에 배송되는 어떤 사이트에 중독되어 있었다. 얼마 이상이라는 제한도 없이 무엇이든 배달되는 그 사이트에서 우리는 놀이라도 즐기듯 매일 뭔가를 쇼핑했다. 당연히 저축이라는 것은 없었다. 쉬는 날엔 함께 시내로 나가 옷 구경을 했다. 구경만 한 게 아니라 몇 벌씩 사기도 했다. 오는 길, 가는 길엔 꼭 외식을 했다.

그 시절 내가 할 줄 아는 음식이라고는 냉동실에 있던 냉동 볶

음밥의 봉지를 뜯어 프라이팬에 볶거나 즉석밥을 꺼내 역시 즉석
국물 요리와 함께 내놓는 것뿐이었다. 궁핍에 직면한 후에야 나는
쌀 10킬로그램의 가격과 즉석밥의 가격을 비교해보게 되었다. 그
리고 깜짝 놀랐다. 당장 쌀을 주문했고, 마지막 즉석밥을 해치운
이후 지금까지 단 한 번도 즉석밥을 집에 두지 않게 되었다. 단호
하게 집밥의 비중을 높여갔다.

엄마는 돈이든, 물건이든 무섭게 아끼는 사람이었다. 어릴 때
부터 봐온 그런 엄마의 지나친 '검약'에 대한 반발 의식이 내겐 있
었다. 나는 저렇게 아끼고 저축하느니 쓸 때 쓰겠다는 고집을 부
려왔다. 엄마는 자신의 그런 검약의 신앙을 딸인 내게 강요하지는
않았다. 네 인생이니까 네가 알아서 하라는 식이었고, 나는 점점
더 쓰는 쪽으로 치우쳐갔다. 그러다가 저 지경까지 도달하고 말았
던 것이다.

남편은 며칠 후 지금 직장을 그만두고 본격적으로 다른 곳을
알아봐야겠다고 했다. 함께 남편의 일터로 갔고, 남편을 안으로 들
여보낸 후 나는 차에서 기다렸다. 음악도 듣지 않았다. 아쉽기도
하고, 답답하기도 하고, 머릿속이 복잡했다. 얼마나 걸렸을까. 사
장을 만나 이야기를 하고 나온 남편은 차에 타자마자 미묘하게 빙
긋 웃었다. 어쩌면 다음 주에 밀린 월급이 해결될 것이라고 했다.

남편만 강한 척했던 것은 아니었다. 나도 줄곧 강한 척, 태연한 척 해왔다. 그 말에 비로소 눈물이 나왔다.

대다수의 현명한 독자들은 나처럼 저런 숨 막히는 일을 겪지 않을 것이라 믿는다. 하지만 만에 하나라도 저런 일이 생기지 않게 하려면 그 방법은 한 가지밖에 없다. 돈이 있을 때 아끼고 저축하는 것이다.

끊임없이 돈이 들어올 것이라는 믿음은 반드시 배반당한다. 물론 꼭 써야 하는 부분, 투자해야 할 부분에는 써야 한다. 하지만 사고 나면 금방 흥미가 떨어질 물건, 지나고 보면 쓰레기가 될 물건에 별 절박함 없이 돈을 쏟아붓는 것은 너무 아까운 일이다. 장바구니에서 담아두었다가 열흘을 넘기면 과감히 삭제하도록 한다.

앞으로 어떤 시대가 펼쳐질지는 아무도 모른다. 화창한 이 봄날에 미세먼지가 아닌 바이러스 때문에 갇혀 지내게 될 줄 그 누가 알았을까. 장밋빛 미래만 생각했던 나 같은 사람이 돈 때문에 겪은 당혹스러운 순간을 막으려면 일단 최악의 상황을 항상 염두에 두어야 한다. 그럴 때를 대비해서 경제력을 비축하는 것은 기본이다. 나보다 더 열린 지갑이었던 남편조차 요즘은 저축에 더 신경을 쓴다.

사실 아끼는 일은 재미있다. 의외로 창의력이 필요한 분야다. 절제력도 길러지고, 안목도 다듬게 된다. 그나마 여유가 있을 때 아껴야 그 재미도 더 올라간다.

고정관념

●

멋대로 들어와 있는
손님이에요

　사람에겐 누구에게나 벗어나기 힘든 고정관념(stereotype)이 있다. 어떤 단어를 보거나 들었을 때 곧바로 떠오르는 것, 그것이 바로 고정관념이다. 그것은 자연스럽게 익히는 것이 아니라 사회화의 과정에서 습득되므로 그 사회의 특성이기도 하다. 특히 여성에 대한, 또한 남성에 대한 인식이 고정관념으로 발현된다. 그래서일까. 한동안 이런 퀴즈가 떠돌아다닌 적이 있었다.

　"교통사고가 나서 아버지는 그 자리에서 죽고 아들은 응급실에 실려왔다. 이를 본 의사가 '이 환자는 내 아들이야'라며 절규했다. 그럼 이 의사와 환자는 과연 어떤 관계인가?"

　'아버지는 이미 죽었는데 왜 또 아버지가 등장했지?'라고 의아하게 생각하는 사람들에게 이 퀴즈는 아마도 끝까지 미스터리로 남을 것이다.

최근 발표된 몇몇 소설을 보면 연인관계로 나오는 등장인물들은 당연히 '남녀'일 것이라는 고정관념을 비틀어 '남남' 또는 '여여'로 설정되는 때가 있다. 작가는 '동성애도 사랑이에요' '동성애란 이런 것이에요' 하고 변명하거나 가르치지 않는다. '그딴 성별 따위가 뭐가 중요해? 사랑이 중요하지' 하는 태도로 가볍게 그 부분을 넘어간다.

으레 청춘남녀가 주인공일 것이라는 고정관념을 깨주는 추리소설도 있었다. 나를 포함한 수많은 독자가 한참을 읽다가 후반에서야 그렇지 않음을 깨닫고 처음으로 돌아가야만 했다. 그러나 등장인물의 나이를 초반에 밝히지 않은 것에 대해 작가를 원망할 수는 없었다. 다만 자신들이 그토록 철저한 고정관념에 빠져 있었다는 것에 깜짝 놀랄 따름이었다.

그러고 보면 고정관념은 우리가 현실을 있는 그대로 정확히 인식하는 데 별 도움이 되지 못하는 것 같다. 현실을 왜곡하는 일그러진 안경에 불과하기도 하다. 그럼에도 우리는 왜 여전히 고정관념에서 쉽게 벗어나지 못하는 것일까?

그것은 고정관념이 내가 가지고 있는 가장 기초적인 정보, 사전 지식이라고 착각하기 때문이다. 딱히 노력하지 않았지만, 그만큼 거부감이나 고민의 과정 없이 자연스럽게 머릿속에 배어 있다. 고정관념은 종종 상식의 옷을 입고 등장한다. '그 정도는 상식이지. 그것도 몰라?' 전통의 옷을 입기도 한다. '우리 부모님이 그렇게 말씀하셨으니까 그게 맞겠지' 자기 경험의 한계를 드러내는 역할도 한다. '내가 겪은 적 없었으니까. 내가 본 적이 없었으니까. 그 밖의 일은 있을 수 없어!'

예전에 나는 회사 남자 동료와 함께 지방에 내려가다가 휴게실에 들러 방향을 물어본 적이 있었다. 그때 나는 내비게이션 없이 메모로만 경유지를 적어서 이동하고 있었기에 혹시나 해서 한 번 더 확인하려던 것이었다. 그런데 내 질문을 받은 촌로께서는 내가 아닌 남자 동료를 쳐다보면서 "이렇게 가서 저렇게 가면 된다"고 설명을 했다. 그분은 남자와 여자가 있으면 당연히 남자가 운전하겠지, 생각했던 것 같다.

그때 나는 화가 나는 대신, 그럴 수도 있다고 넘어갔었다. 어쩌면 내 안에도 그런 식의 고정관념이 남아 있었기에 그분을 이해했던 것인지도 모른다. 만약 어떤 남녀가 내게 와서 길을 물었다면 나 역시 남자가 차를 운전할 것이라고 '쉽게' '간주하고' 남자에게 상세히 설명하지 않았을까. "누가 운전하시는데요?"라고 묻는 대신 나름 눈치 빠른 척하면서 고정관념을 사용하려는 유혹에 넘어갔을 것 같다.

그러면 우리는 어떻게 고정관념에서 조금이나마 자유로워질 수 있을까? 일단 고정관념이 나도 모르게 내 안에 스며든 것이라는 사실을 깨달아야 한다. 내가 판단하고 인정해서 받아들인 게 아니라 아주 어린 시절부터 부지불식간에 들어온 것임을, 그래서 제거하는 데는 남다른 노력이 필요하다. 그 노력을 일단 '아닐 수도 있잖아?'라고 생각하는 데서 시작해보자.

흔히 우리는 '마음을 연다'라고 표현한다. 나는 '마음을 비워둔다'로 바꿔서 표현하고 싶다. 고정관념으로 가득 차 있는 마음을 비워두고 미처 내가 생각지 못했던 진짜 현실이 나의 지각 활동 아래 드러나는 것을 겸허히 받아들이는 것이다. '아, 그럴 수도 있구나' 하면서.

나이가 들면서 종종 삶이 지루하고 심심해진다고 불평하는 사람들이 있다. 그것은 세상을 오직 고정관념의 눈으로 보기 때문이다. 머릿속에 뻔한 생각으로 세상을 대하는데 어찌 신기하고 새롭고 놀라운 게 있을까.

다양한 영화, 소설, 미술 작품을 접하면서 지금까지 자신이 머물렀던 좁은 세계의 벽을 깨보라. 아무것도 바뀌지 않았지만, 모든 게 바뀌는 놀라운 경험을 하게 될 것이다.

두려움

●

똑바로
들여다봐야 해요

지금 사는 집에 처음 이사 왔을 때, 나는 혼자였다. 혼자 사는 게 처음은 아니었으나 전에 살던 공간보다는 넓었다. 그래서였는지, 밤이 되면 누운 채 이런저런 상상을 하게 되었다. 누군가 문을 두드리지 않을까, 방문이 저절로 열리지는 않을까, 지금 저 소리는 뭘까, 꼼짝없이 초자연적인 현상에 휩싸이게 되면 어쩌지, 어느 날엔 발코니로 검은 옷을 입은 사신이 날아 들어오는 생생한 꿈까지 꾸었다.

도저히 그대로는 살 수가 없었다. 더 늦기 전에 집에 대한 두려움을 극복해야만 했다. 그때 나는 이 집을 내가 철저히 신뢰한다면 두렵지 않게 될 것으로 판단했다. 이 집을 신뢰하기 위해 늦은 밤, 모든 불을 끄고 공간 안에 섰다. 그리고 내가 무엇을 느끼는지 확인했다. 귀신이나 악령이 있다면 내가 이렇게 무방비일 때 분명히 해코지할 것이리라.

그러나 내가 그때 느낀 것은 그저 고요함이었다. 어둠 속을 파고든 달빛조차 포근했다. 그날 이후 나는 다시 악몽을 꾸지 않았다. 새벽에 화장실을 가더라도, 어둠 속 거울에 비친 내 모습을 우연히 보아도 아무렇지 않았다.

그렇게 집을 진단해본(?) 경험 이후, 나는 두려움을 대하는 방식에 대해 이런 생각을 하게 되었다. 일단 똑바로 마주할 것. 가능하면 자세히 살펴볼 것. 그러다 보면 감정 대신 이성이 깨어난다.

우리가 흔히 갖는 모든 두려움에는 대개 이 방법이 적용된다. 관계의 두려움에서도 마찬가지다. 사랑하는 이의 마음이 변하는 것이 사람에게는 어쩌면 가장 큰 두려움일 수 있다. 그래서 차마 똑바로 마주 보거나 자세히 살펴보지 못한다. 하지만 어떤 결과든, 마냥 두려움에 떠는 것보다는 낫지 않을까.

"5시 15분에 두려움이 찾아온다. 생조르주 호텔 테라스에서 편지를 손에 쥐고 있을 때 느꼈던 두려움이다, 그는 나를 떠날 것이다."

여행지에서 남편에게 온 어느 여성의 편지를 발견한 후 레스웨스 부인은 매일 두려움을 느낀다. 남편이 떠날까봐. 혼자 남겨질까봐. 결국엔 그렇게 두려워하던 것이 찾아올까봐. 현실은 그대로인데 그녀의 두려움은 반복되고 사라지지 않는다. 윌리엄 트레버의 소설 『하루』에 담긴 레스웨스 부인의 심경은 우리에게 두려움이 어떤 것인지 보여준다. 두려움을 마주하지 못한 경우 어떤 일이 벌어지는지도.

이별은 물론 힘든 일이다. 두려워하던 것을 똑바로 마주했을 때, 자세히 살펴보았을 때 기대보다 훨씬 가혹한 것이 나타날 수도 있다. 하지만 그것을 회피한다고 해서 더 나은 삶이 가능한 것도 아니다. 막상 뚜껑을 열어보면 차라리 마음의 결정이 쉬워진다. 두려움의 뒤에서 전전긍긍할 때와는 다른 결단과 실행의 에너지가 차오른다. 이성을 활용할수록 감성이 가라앉고 당신은 차분하게 현상을 관찰할 수 있다.

TV 시사 다큐멘터리 프로그램에서 가끔 폭력적인 남편을 참고 견디다가 끝내 살해되는 아내의 사례를 볼 수 있다. 이것이 아주 희귀한 일이 아니라 최근까지도 이어진, 드물지 않은 사례라는 것에 나는 너무 가슴이 아팠다.

악한 사람을 참고 견디면 그 사람이 언젠가는 회개하고 착해질 것이란 믿음을 갖는 사람들이 있지만, 현실은 그렇지 않다. 악한 사람도 나름대로 논리와 철학이 있다. 그리고 그들은 그것을 쉽게 버리지 못한다. 그렇게 살아왔어도 불편하지 않았는데, 아니 오히려 쟁취하고 누린 것이 많았는데 왜 굳이 바꾸겠는가. 그것은 평생 착하게 살아온 사람에게 이제부터 남에게 거짓말하고, 나쁜 짓을 꼭 해야만 한다고 했을 때 그것이 너무 난감하고 어려운 것과 마찬가지다.

이렇게 가치관이 다르고, 바탕과 결이 다른 사람은 서로 물들기가 정말 힘들다. 그래서 반드시 갈라서야 하는데, 그럴 때 두려움이 발목을 잡는다.

흔히 결혼이 거의 파탄에 이르렀음에도 절대로 이혼만은 하지 않겠다는 식으로 대응하는 사람들이 있다. 경제력의 상실, 타인의 시선, 막막한 미래. 지금 삶의 누추함보다 막연한 두려움이 더 힘이 센 것 같다. 그럴 땐 이렇게 해봐야 한다. 이 세상에 나를 홀로 보낸, 거대한 존재에 대한 신뢰를 찾아야 한다. 그 존재와 나의 현재 두려움에 대해 나누는 것이다. 또한 두려움에 지는 자신도 있지만 이기는 자신도 있을 수 있다고 믿어야 한다.

어쨌거나 발가벗은 연약한 몸으로 세상에 왔을 때보다는 지금이 훨씬 낫다. 어른이다. 말도 통하는 내 조국 안이다. 다른 가족과 친구도 있다. 어떤 일이든 하면서 자신이 얼마나 소중한 존재인지 다시 깨달아가야 한다. 그리고 운명을 믿는 것이다. 그러면 훗날, 지금보다 이성이 더욱 차올랐을 때, 자신의 현실을 맑은 눈으로 다시 들여다보게 되었을 때, 두려움에 지지 않고 삶을 헤쳐나간 자신이 얼마나 멋지고 아름다운지 확인할 수 있게 될 것이다.

교만

●

세상엔 당신만 있는 게
아니에요

　사람이 언제나 겸손할 수는 없지만, 최소한 자신과 가족의 생명이 걸린 일에 대해서는 좀 겸손할 필요가 있다고 생각한다. 그런데 자동차에 붙여놓은 문구 중 이런 것을 본 적이 있다.

　'까칠한 아이가, 그보다 더 까칠한 엄마가 타고 있어요.'

　초보운전이 아니면 그 어떤 문구도 차에 붙일 이유가 없으니 초보운전자 같은데 왜 하필 이런 호전적인 문구를 붙였을까? 심지어 '보험 안 든 차임. 가까이 오지 마시오'라든지 '드루와' '마, 어쩌라고!' 같은 문구도 보았다. 당사자는 기발하고 재미있다고 생각할지 몰라도 지나가는 입장에서는 괜히 보았다 싶게 불쾌해진다.

요즘은 초보운전이라고 무시하는 운전자들은 별로 없다. 누구나 초보 시절을 겪었으니 이해하고 배려할 준비가 되어 있다. 그런데 왜 겸손해야 할 때조차 겸손하기 싫어하는 사람들이 있는 걸까? 이건 한참 배울 것 많은 신입사원이 '나 건들지 마, 나 그리 만만한 사람 아냐!'라고 선배들에게 선언하는 것과 같다. 신입사원이 저렇게 나온다면 누가 그를 도와주고 싶을까.

그런 태도의 밑바닥에는 교만이 버티고 있다. 어떤 상황에서도 남에게 고개를 숙이거나, 양해를 구하기가 싫은 것이다. 특히 자신의 이해와 관계없는 불특정 다수에게는!

지하철이나 버스 등 대중교통 안에서 화장을 처음부터 끝까지 하는 여성도 가끔 볼 수 있었는데 이 역시 다른 사람들의 존재를 인정하지 않겠다는 교만에서 비롯되는 행동이 아닐까 한다. 조심스러운 어른이나 자신이 눈치 봐야 하는 상대가 앞에 있다면 감히 아이라인을 그린다며 눈을 치뜨고, 파우더를 팡팡 날릴 수 있을까? 그녀를 힐끗힐끗 쳐다보는 사람들이 꽤 있었지만, 그녀는 정말 다른 사람은 안중에 없었다. 나뿐만 아니라 다른 쪽 옆 사람, 앞사람, 서 있는 사람 등 그 모든 사람이 무생물의 배경에 불과한 것처럼 행동했다.

이러한 것에 대해 인터넷상에서 문제가 제기되자, 의외로 많은 여성이 '그게 뭐 어때서 그러냐'고 항의하는 것을 보고 나는 또 한 번 놀랐다. 이제는 어디에서든 마스크를 써야 하니까 더는 보기 힘들어졌지만 말이다.

흔히 자신감과 교만을 혼동한다. 나는 자신감이 넘치는 것뿐인데 남들이 교만하다고 오해한다는 불평이 나올 수도 있다. 하지만 정말 자신감이 넘치는 사람이라면 저런 식의 문구로 다른 사람들의 감정을 교란하는 일은 하지 않을 것 같다.

같은 초보운전 문구로 비유하자면, 이런 글을 붙인 사람들이 있다. '차라리 추월해주시면 제 맘이 편할 듯합니다'라든지, '면허를 따긴 땄는데…' 같은 내용 말이다. 이런 문구를 보면 귀여워서 미소 짓지 않을 수가 없다.

'맞아, 이럴 땐 차라리 추월해주는 게 낫지.'

'맞아, 나도 면허를 땄지만 도로 운전하기 두려웠던 시절이 있었지.'

자신의 상황을 솔직하게 드러내고 모두의 이해를 구하는 자세야말로 진정한 자신감이다.

대중교통 안에서 화장하는 사람들도 그렇다. 어차피 나 이외의 다른 사람들을 다 배경으로만 인식할 수 있는 배짱과 자신감이 있다면 그냥 민낯으로 다녀도 되지 않을까.

나아가 모든 일은 자기 혼자 해낼 수 있다고, 다른 사람의 도움 따위는 필요 없다고 믿는 것도 심각한 교만이다. 사실 인간이 혼자 해낼 수 있는 것은 몇 가지 안 된다.

당장 자신의 가방 안에 들어가 있는 물건 중에서 내가 혼자 만들어낸 것이 단 한 개라도 있는지 잘 살펴보라. 애지중지 손에서 놓지 않는 스마트폰도 내가 아닌 남이 만든 것이다. 필통 속의 볼펜도 다 남이 만든 공장에서 출고된 것이다. 방금 맛있게 먹은 김밥도 김밥집 아주머니가 싸주신 것이다. 하루건너 도착하는 택배는 또 어떤가. 나의 행복을 위해 일해주는 다른 사람들이 있기에 나의 하루가 완성된다.

영화 〈기생충〉은 다양한 해석이 가능한 영화지만, 서로가 서로에게 의존할 수밖에 없는 사람들끼리 서로에 대한 감사와 존중을 잃어버리면서 비극을 맞는 내용을 다룬 것이라고 생각한다. 내가 없으면 일이 안 돌아갈 것이라는 교만, 또 내가 주는 월급에 이 사람이 굴복할 것이라는 교만은 고용인이나 고용주 둘 다 빠지기 쉬운 함정이다.

흔히 행복을 실감하려면 매사에 감사하라고 한다. 그게 쉽게 가슴에 와닿지 않는다면 이렇게 생각해보라. 만약 아무도 농사를 짓지 않고, 아무도 물건을 만들지 않고, 아무도 사업을 하지 않고, 아무도 다른 사람과 교류하려고 하지 않는다면 어떻게 될까? 내가 가진 수백억의 돈이 곧 쓰레기가 될 것이다. 나 하나 잘났다고 잘 살 수는 없다.

욕심

•

욕심 대신
의욕으로 살아요

가끔 과거의 내가 미치도록 궁금해질 때가 있다. 특히 지금보다 몇십 킬로그램은 적게 나갔던 때의 내 일상생활은 어떠했는지, 그때 내 머릿속을 채우고 있었던 것은 무엇이었는지 궁금해진다. 코로나19 바이러스 때문에 그 어느 때보다 먹고, 쉬고, 찌는 일이 잦아진 요즘엔 더 그렇다.

그래서 일기장을 들춰보았는데, 깜짝 놀랐다. 그때의 나는 매일 몸무게를 재보고, 그것을 일기장에 적고, 가끔 '살을 더 빼지 못했음을 한탄하기도' 하는 그런 생활을 했던 것이다. 지금의 나로서는 도저히 상상할 수 없는 일이지만, 내가 거짓으로 일기장을 그렇게 채웠을 리는 없으니 믿을 수밖에 없다. 그토록 체중에 관심을 두고 먹는 일을 자제했으니 그 정도라도 유지했던 것인데, 어느 순간 나는 방심했고, 식탐까지 부리게 된 것이다.

그러고 보면 식탐은 나이가 들수록 더 생기기 쉬운 것 같다. 어느 모임에서 처음 보는 사람들과 저녁 식사를 하게 된 적이 있었다. 메뉴는 일괄적으로 만두전골이었고, 전골 안의 만두는 테이블에 앉은 사람의 머릿수대로 들어 있었다. 그런데 잠깐 한눈을 팔았다가 정신을 차리고 보니 내가 먹어야 할 만두가 사라져 있었다. 같은 테이블에 앉은 사람 중 누군가 내 몫의 만두까지 먹어버린 것이었다. 아무도 '나는 만두 못 먹어요'라고 하지 않았으니 만두는 일인당 하나씩 골고루 배당되어야 했다. 그런데 누군가의 강력한 식탐이 그 암묵적인 룰을 무시하고 다른 사람의 권리를 침해하면서 자신의 배당량을 초과해서 먹어버린 것이었다.

그렇다고 용의자(?)에게 '내 만두 왜 먹었어요?'라고 따지진 않았다. 초면에 그런 불편함을 드러낼 수는 없었다. 다만 그날 이후 식탐이 얼마나 한 사람의 이미지를 망가뜨릴 수 있는지 스스로 조심하기 위한 사례로 기억하게 되었다.

식탐은 욕심의 지극히 작은 부분이다. 진짜 원흉은 그 뒤에 숨은 거대한 욕심 자체다. 먹는 것에 대한 인간의 욕심은 점점 커져

돈으로, 인정으로, 권력으로 지치지 않고 뻗어나간다. 욕심이 전부인 사람들은 욕심을 에너지라고 생각하기도 한다.

"쟤는 왜 저리 욕심이 없니?"

어떤 사람이 무기력해 보이면 이런 말을 쉽게 던진다. 저 무기력한 사람이 욕심을 부리기로 작정한다면 더 열심히 살 것이라고 믿는다. 하지만 착각이다. 욕심은 욕심일 뿐이다. 무기력한 사람이 욕심을 부리면 오히려 '요행'을 좇게 된다. 남보다 빠른 결과를 낼지는 몰라도 뿌리가 약하다.

최근에 드러난 어느 사이비 종교의 추종자들이 보이는 행태가 바로 그런 '요행을 좇는 욕심'이 어떤 것인지 보여준다. 남들은 모르는 길로 혼자만 가서 잘살겠다는 욕심의 결과는 모두 다 알다시피 참담하다. 욕심과 건강한 의욕은 완전히 다르다.

욕심을 에너지라고 생각하는 부모들은 또 아이들에게 많은 것을 강요한다. 아이들의 의중은 전혀 물어보지도 않고 무조건 자신들이 시키는 모든 것에 아이들이 잘 따라오길 바란다. 하지만 부모의 욕심이 아이를 질식시키는 것은 아닌지 잘 살펴봐야 한다. 아무리 부모·자식 간이라도 아이가 먼저 자신의 무능을 고백하기는 쉽지 않다.

"엄마, 난 피아노 치는 게 싫어요."

피아노에 아무 재능이 없었지만, 초등학교 4학년 시절 나는 이 말을 죽어도 할 수 없었다. 안 그래도 내게 별 기대가 없던 엄마에게 또다시 실망을 안기는 말이기 때문이었다. 피아노 선생님만 오시면 훌쩍훌쩍 울고, 평상시 연습을 전혀 안 하는 것으로 '표현'하고자 했으나 엄마는 그것을 읽어내지 못했다. 5학년에 올라가서야 간신히 피아노는 그만 배우는 것으로 부모님이 결론을 내리셨을 때 너무 기뻐 혼자 웃었던 기억이 있다.

에너지는 억지로 쏟아붓는 게 아니라, 쓰이고 싶은 것을 만나면 저절로 쓰이게 되는 것이었다. 체력이 약한 사람은 더 쉽게 욕심의 부작용에 대해 알게 된다. 빠른 결과를 얻고 싶어서 평소보다 무리해서 운동하거나 에너지를 더 쓰거나 하는 경우, 반드시 탈이 난다. 자신의 그릇이 어느 정도인지를 파악해서 최상의 컨디션을 유지할 수 있는 만큼만 감당하는 것이 필요하다.

마흔을 앞두었다면, 욕심의 허상에 더는 속지 말아야 한다. 욕심이 아닌 진짜 에너지만이 사람을 건강하게 하고 빛나게 한다. 욕심 때문이 아닌 순수한 의욕으로 만든 결과만이 오래 남아 더욱 더 좋은 일로 이어질 것이다.

분노

•

분노는
조절할 수 있어요

　우리 집 첫째 고양이 케롯이 누워 있는 것을 모르고 지나가다 실수로 꼬리를 밟았을 때의 일이다. '어머, 미안!' 하며 돌아보니, 케롯은 고개와 눈을 아래로 내리깐 채 아주 작은 소리로 하악질을 했다. 소리가 너무 작아 처음엔 '뭐지?' 했지만 하악질이 맞았다. 녀석은 순간적으로 일어난 화를 혼자 '젠장' 하는 정도로 해결한 것이다. 청소기만 보아도 눈을 동그랗게 뜨고 온 힘을 다해 '하악' 하고 위협하는 둘째 녀석과 비교되는 모습이었고, 또 케롯의 의젓한 성격을 보여주는 모습이라 잊을 수가 없다. 녀석은 엄마가 일부러 그랬을 리 없다고 믿고 그렇게 넘어가준 것이다.

　일개 고양이의 이러한 분노 조절이 놀라웠던 것은 인간은 오히려 그렇지 못하기 때문이다. 특히 우리 사회는 유독 분노가 많은 사회다. 예전보다는 길에서 싸우는 사람들이 많이 사라졌으나, 여전히 '목소리 크면 이긴다'는 신념 아래 분노 조절에 장애를 겪는 사람들을 종종 본다.

한 대형마트에서 카트를 밀며 내려올 때였다. 우리 카트를 잡아주던 60대 초반의 여성 직원이 앞에서 가지 않고 멈춰 있던 한 젊은 남자 고객에게 "빨리 앞으로 나아가주세요" 했다가 그에게서 험한 말을 들었다. 그는 왜 재촉하느냐고 버럭댔다. 여성 직원은 얼른 "네, 죄송합니다. 고객님" 하고 넘어갔다.

남편과 나는 그 광경을 뒤에서 지켜본 후 그들을 지나쳐 차를 타고 집으로 왔다. 나는 말없이 사 온 물건들을 정리하고 있었는데 가슴 속에 있던 뭔가가 갑자기 입으로 튀어나왔다. 차마 여기 쓰기 힘든 쌍욕이었다. 그 남자가 자기 어머니뻘 되는 여성에게 분노를 표출하는 광경을 잠시 본 것 자체가 내게 또다시 분노의 소용돌이를 만들어낸 것이었다.

'어떻게 저런 사소한 일에 화를 낼 수가 있지?' '옆에 있던 그의 아내는 왜 남편을 단속 못 하는 거지?' '만약 그 직원이 덩치 큰 남자였어도 저럴 수 있었을까?' '내가 미친 척 달려들었다면 어떻게 되었을까?' 하는 등 끊임없는 생각에 시달렸다. 그의 분노는 지나가는 제삼자일 뿐이었던 나를 자극해서 내가 겪었거나 보았던 비슷한 상황의 부당한 모든 일에 대한 분노를 소환해냈다.

사자는 생쥐가 와서 건드린다고 화내지 않는다. 분노는 거친 모습을 표출함으로써 자신을 크게 보이려는, 실제로는 작은 동물의 안간힘이다. 그러나 그렇게 함으로써 자신이 무엇에 약한지, 무엇이 콤플렉스인지를 만천하에 공개하는 일이기도 하다.

그 남자는 자신이 의사 표현을 할 때 좋게 해서는 아무도 들어주지 않고, 분노를 담아야만 그 말이 받아들여지는 환경에서 자랐던 모양이다. 또한 성인 남자가 품위 있게 다른 사람의 부당함을 지적하거나, 결례에 의연하게 대처하는 모습을 단 한 번도 본 적이 없었을 것이다.

덩달아 분노했던 나도 그 남자와 크게 다르진 않았다. 분노에는 분노로 응대해야 한다는 구태의연한 사고방식이 남아 있었다. 나 역시 작은 일에든, 큰일에든 인간관계에서 분노하는 일에 에너지를 많이 써왔다. 어린 시절 우리 가족도 정말 지긋지긋하도록 서로 싸워댔기 때문이다.

하루가 멀다 하게 고성이 오갔으면서 그에 대한 해결책은 없었다. 차분한 방식으로 서로 이견을 조율하는 방식은 늘 더 큰 고성에 의해 무너져버렸다. 그게 너무 싫었고 분쟁이 일어나면 늘 거리를 두고 냉정해지려고 노력했지만, 분노에 얽힌 어두운 기억은 아직도 남아 있고 이따금 저렇게 자극을 받는다.

분노 게이지가 유독 높은 사람들은 대개 가는 곳마다 분노를 터뜨린다. 세상과 인간에 대한 믿음이 없고 평소의 열등감, 우울감, 패배감을 그렇게 해소하고자 한다.

그럴 때는 일일이 맞받아치는 대신 차갑게 말을 끊어버림으로써 그 자리에서 그의 분노가 갈 곳을 잃어버리게 해야 한다. 돌아보니 그 자리의 모두가 아무렇지 않고, 얼굴이 벌게진 채 분노하는 사람은 자기 혼자였다는 것을 깨달으면 좀 부끄럽지 않을까?

자기 안의 분노든, 타인의 분노든 분노는 끊을 수 있을 때 끊어야 한다. 그렇지 않으면 마치 바이러스처럼 분노는 이 사람에게서 저 사람으로, 계속 퍼져간다. 누구라도 나서서 빨리 찬물을 끼얹어야 한다.

대형마트의 여성 직원이 빠르게 "죄송합니다" 해버린 게 찬물이긴 했다. 그녀라고 불쾌감이 없진 않았겠지만, 변명하거나 말을 더 섞는 것은 좋지 않다. 깊이 생각할 이유가 없다. 분노가 자신이나 상대, 그 자리의 분위기를 장악하도록 놔두지 않아야 한다.

맘에 들지 않는 현실에 대한 분노가 가끔은 일어날 수 있다. 하지만 분노한 상태에서 해결할 수 있는 일은 없다. 정당한 분노는 사태를 해결하지만, 맥락 없는 분노는 그 반대로 치닫는다. 되도록 빠르게 식히고 자기 안의 평화로 돌아와야 한다. '젠장' 해버린 뒤, 늘어지게 기지개를 켜며 누워버린 평화의 전도사 우리 집 케롯처럼. 분노에 오래오래 타올라봐야 남는 것은 나의 에너지와 시간을 태운 재뿐이니까.

forty comes to anyone

PART 3

타인을 의식해서
강조된 것들

남들이 하는 대로 하면 안전한 줄 알았다. 남들이 부러워하면 내가 높아지는 줄 알았다. 남들 비위를 맞출 수 있다면 내가 좋은 사람이 되는 줄 알았다. 하지만 마흔이 되면 알게 된다. 그렇게 내 삶의 기준과 어긋나는 것에 매달린 것은 결국 아무것도 아니라는 것을. 이제 마흔을 기점으로 나만의 기준을 세운다. 나의 길을 간다. 나의 삶을 산다. 타인은 타인의 길을, 나는 나의 길을.

forty comes to anyone

과시

·

다 보이지 않아도
괜찮아요

살면 살수록 옛날 사람이나 요즘 사람이나 그 성정이 크게 다르지 않다는 점에 놀라곤 한다.

"너희는 사람들에게 보이려고 그들 앞에서 의로운 일을 하지 않도록 조심하여라. 그러지 않으면 하늘에 계신 너희 아버지에게서 상을 받지 못한다. 그러므로 네가 자선을 베풀 때는 위선자들이 사람들에게 칭찬받으려고 회당과 거리에서 하듯이, 스스로 나팔을 불지 마라."

〈마태오 복음서〉 6장의 내용이다. 남에게 자신을 과시하고 싶은 욕구는 옛날 사람들도 요즘 사람들 못지않았나 보다. SNS가 없었기에 그들의 과시 방법은 더 직접적일 수밖에 없었을 것이다.

그들은 많은 사람이 보는 시장통이나 광장에서 보란 듯이 거지에게 적선하고 이웃을 돕는 시늉을 했다. 그런 사람들의 모습에 대해 〈마태오 복음서〉의 저자는 저렇게 꼬집었다.

하지만 이 부분을 처음 읽었을 때, 나는 살짝 의구심이 들었다. 그런 과시가 꼴 보기 싫은 것은 사실이어도, 자선을 전혀 안 하는 것보다는 낫지 않나? 어찌 보면 좀 귀엽지 않나? 저렇게 거대한 죄악처럼 지적해야만 했나? 그러다 보니 과시에 대한 여러 가지를 생각해보게 되었고 중요한 것을 깨달을 수 있었다.

일단 과시는 그 의도가 쉽게 눈에 보인다. 특별히 예민하지 않은 사람이어도 누군가 자신에 대한 이야기를 할 때 그것이 '과시'의 의도인지, '자연스러운 표출'인지 느끼게 된다.

한때 알고 지냈던 지인 중 하나는 언제나 자신을 과시하는 것이 일이었다. 입만 열면 자랑거리만 늘어놓았다. 이야기 전개상 실수나 과오도 있었을 법한데, 언제나 자신이 완벽한 영웅이나 사랑받는 행운아로 등장하는 판타지 같은 이야기를 꾸며대곤 했다. 결국 거짓이 더해지는 것이다.

무엇보다 그런 사람들의 표정에서 '나 잘났지? 나 잘했지?' 하는 것이 드러난다. 상대가 부모라면 얼마든지 '그래, 우리 자식이 잘 해냈구나' 칭찬하겠지만 제삼자가 그런 걸 다 들어주고 받아주고 칭찬해주는 일은 피곤하다. 자신의 의도와 달리 상대에게 공연히 반감을 불러일으키게 되는 것이다.

〈마태오 복음서〉의 내용에서 지적한 것처럼, 종교단체에서 헌금을 내는 일에서도 순수한 기부와 과시는 구분된다. 고액의 헌금을 익명으로 내는 사람이 있는가 하면, 꼭 이름을 밝히는 사람이 있다. 이름을 밝혀 칭찬을 듣는 것이 반드시 나쁜 것은 아니다. 하지만 익명으로도 가능하다면 익명을 택하는 쪽이 순수한 기부의 의도와 더 맞는 게 아닌가 한다. 내고 싶지만, 형편상 그것이 힘든 사람들도 있는데 굳이 그런 식으로 경제력을 과시하는 것은 의도했든 하지 않았든 상대적 박탈감을 자극할 수 있다.

과시에서 가장 문제가 되는 것은 그것의 시작점이다. 과시에는 '사실보다 크게 나타내어 보임'이라는 뜻이 내포되어 있다. 있는 그대로를 솔직히 드러내는 것이 아니다. 나를 더 좋게, 더 훌륭하게, 포장해 보이고 싶어 하는 마음이 담겨 있다. 도대체 왜 그렇게 하는 걸까?

첫째, 상대보다 우위에 있고 싶어서이다. '네가 잘 모르는 것 같은데, 나는 너보다 이러저러한 점에서 낫고, 이러저러한 점에서 훌륭하단다. 그러니 나를 지금보다 더 나은 방식으로 대접해줘'라는 말이 생략되어 있다. 결국 과도한 욕심과 교만이 깃들여 있다.

둘째, 현재 행복하지 못함의 고백이기도 하다. 모든 것이 만족스럽다면 그런 과시가 필요하지 않다. 과시하는 사람은 상대방으로부터 '오, 대단하세요'라는 찬사와 인정이라도 있어야 견딜 것 같아서 그토록 갈구하는 것이다. 저렇게 행복한 척 과시하는데 실은 행복하지 않다니, 아이러니다.

가장 큰 문제는 그 사람의 영혼이 비어 있음을 나타낸다는 것이다. 성경은 언제나 영혼에 관해 이야기한다. 그런 성경의 저자가 과시에 대해 경고한 것은, 그것이 영혼을 좀먹고 해치는 일이기 때문이다. 어디에나 있는 신은 결코 거짓 의식과 진심을 혼동하지 않는다. 그런데도 억지로 꾸미고 과시하려 드는 것은 자신에게도, 신에게도 성실하지 않은 것이다.

우리는 살아가면서 눈에 보이지 않는 것을 믿어야 할 때가 많다. 신앙이 그렇고 사람 사이의 관계, 사랑이 그렇다. 그런데 과시는 보이는 일에 전부를 거는 것이다. 과시에 매달리다 보면 어느 순간 자신이 정말 중요한 길이 아닌 엉뚱한 길을 걷고 있었음을, 너무 늦게 깨닫게 될 것이다.

무사유

•

한 번만
더 생각해요

만약 "당신은 참 생각이라는 걸 안 하는 사람이야"라는 말을 듣게 된다면 당신의 기분은 어떨까? 감정적이라든지, 예민하다든지, 이기적이라는 말을 듣는 것보다 훨씬 더 자존심이 상할 것이다. 그리고 전혀 그 말에 동의하지 못할 것이다. 매 순간, 단 1초의 예외도 없이 생각을 하고 또 하고 있었는데 그게 무슨 억울한 소리란 말인가.

어느 패스트푸드 체인점의 매니저 샌드라도 그랬다. 분주히 돌아가야 하는 매장에서 전날 누군가 냉동고 문을 열어놓은 실수 때문에 그녀의 신경은 더욱 예민해 있었다. 그때 경찰로부터 전화가 왔다. 그곳 매장의 금발 머리 캐셔가 손님의 지갑에서 돈을 훔쳤다는 것이다. 금발 머리라는 말에 샌드라는 곧바로 베키를 떠올린다. 경찰은 베키가 맞을 거라며 그녀를 곧 방에 감금하라는 지시를 내린다. 자신은 너무 바빠서 그곳으로 갈 수 없다며 샌드라에게 베키의 몸수색까지 맡긴다.

샌드라는 경찰의 대리인이 되었다는 데 막중한 책임감을 느끼며 베키를 줄곧 감시, 수색하는 것을 넘어 성고문까지 일어나도록 방치한다. 모든 것은 장난 전화에 불과했는데, 그리고 경찰이라면서 전화로 모든 것을 해결한다는 것 자체가 좀 이상한 일이었는데 샌드라는 단 한 번도 '이래도 되는 것인가?' 하는 의문을 품지 못한다. 전화선 너머 경찰의 권위라는 이름 아래 한 여성에 대한 폭력이 마구 발휘되는 데 적극적으로 협조한다.

단 한 명, 샌드라로부터 감시를 부탁받은 할로드만이 이건 비정상적인 일이라며 반발하고 경찰서에 확인 전화를 하게 함으로써 상황이 마무리된다. 이는 영화 〈컴플라이언스〉의 내용이지만 실제 있었던 이야기이기도 하다.

인간이 매 순간 생각을 하고, 두뇌를 사용하는 것은 사실이다. 그러나 누군가는 마치 기계처럼 외부에서 주입된 것을 비판 없이 받아들여 그대로 되풀이한다. 뉴스를 접할 때 우리 대부분도 기사의 진위를 의심하기보다 기자가 기사 안에 쑤셔 넣은 뉘앙스나 의

도까지 그대로 받아들이며 '나쁜 놈들!'이라며 욕을 하기도 하고 '미담'이라며 흐뭇해하지 않는가.

과거 역사에서도 인간은 그런 일을 저질러왔다. 한나 아렌트의 『예루살렘의 아이히만: 악의 평범성에 대한 보고서』에서는 인간이 얼마나 생각 없이 엄청난 일을 해치우는지 보여준다. 나치 전범으로 체포된 아돌프 아이히만은 주변에서 흔히 볼 수 있는 좋은 이웃, 좋은 아버지, 좋은 남편이었다. 그랬던 그가 위에서 시키는 대로 악행을 저질렀다. 그에겐 이런 문제가 있었을 뿐이다. 즉 말하거나 생각하는 일, 그리고 타인의 입장에 자신을 대입해보고 '내가 저 입장이라면 어떨까' 하며 배려하는 데 무능했다. 우리가 상상하던 악인이라면 엄청나게 교활하고 파렴치할 것 같았는데 말이다. 한나 아렌트는 그가 지은 죄는 한마디로 '무사유'였다고 단정짓는다.

상부의 지시에 잘 따르지 않으면 조직이 굴러갈 수 없다. 그런 면에서 패스트푸드점 매니저 샌드라나 전범 아이히만은 성실하게 지시를 잘 따른 모범적인 일꾼이었다. 사건의 모든 책임을 그들에게 돌리는 것은 불공평한 처사일 것이다. 진짜 악의를 가진 원흉은 따로 있었으니까.

하지만 악마의 수족이 되어 그들의 입맛대로 성실히 움직여준 것, 생각할 수 있는 인간으로서 '인간이 이래도 되는 것인가?' 하고 사유하지 않은 것은 영원히 수치가 되어 남을 것이다. 이런 사람들이 공직에 올라 비슷한 비극이 앞으로도 반복될까 두렵다.

그럼 진짜 평범한 우리들의 일상은 어떤가? 사유하지 않는다고 해서 앞의 사례들처럼 남에게 큰 피해를 줄 일은 없으니까 그대로 사유하지 않으며 살아도 되는 걸까?

하지만 사유하지 않는 삶은 제일 먼저 자신에게 해가 된다. 사유하지 않는 사람은 자신의 행동조차 자신할 수 없다. 늘 다른 사람의 의견을 물어봐야 하고, 다른 사람의 행동을 그저 따른다. 자신이 자신을 믿지 못하니 다른 사람들을 설득할 수도 없다. 배우자나 아이들이 내 의견을 존중하지 않는다. 뛰어난 스승이라고 철석같이 믿었던 사람이 나중에 사기꾼으로 밝혀지는 것을 지켜봐야 한다. 내 안은 그대로인데 외부의 일로 삶이 뒤죽박죽된다. 진정한 평화는 오지 않는다. 사유하지 않는 삶은 그렇게 폐허를 향해 나아간다.

'생각하며 살지 않으면 사는 대로 생각하게 될 것이다'는 프랑스의 시인 폴 발레리의 말처럼, 생각과 사유는 언제나 우리의 행동 앞에 있어야 한다. 아무도 묻지 않아도, 내가 이 일에 대해 정확히 어떤 것을 느끼는지 스스로 물어봐야 한다. 남들이 좋다고 하니까 하는 것인지, 내가 살아온 경험과 지식에 비춰봤을 때 타당한 것인지 묻는 것, 그것이야말로 우리가 원했던 진짜 평범하고 평화로운 삶으로 나아가는 길이다.

후회

•

지나간 것은
그냥 놓아줘요

남편을 직장에 데려다주고 다시 차를 출발하려는데 지나가던 어떤 여자의 바지가 눈에 확 띄었다. 은색으로 반짝거리는 나팔바지였다. 누가 이렇게 대담한 패션을? 놀란 눈을 얼굴로 돌렸더니 후배 S였다. 30대 때엔 거의 매주 만났고, 40대에 들어서면서 뜸해지긴 했지만, 마음속에서는 언제나 친근했던 존재였다. 그녀에게 일행이 있었기에 "야, 네 바지 참 대단하다!" "언니는 잘 지내?" 같은 가벼운 이야기만 나누고 우리는 헤어졌다. 나는 그녀를 잊은 채, 나의 일상을 정신없이 살았다. 그리고 1년이 지난 후 어느 날, 갑자기 그녀가 세상을 떠났다는 소식을 들었다. 지병이 있긴 했지만, 증상이 심하지 않아 가족들도 미처 예상하지 못했던 일이었다.

처음 든 생각은 그때 그렇게 우연히 만난 것으로 끝내지 말고, 한 번이라도 따로 S를 만날걸 그랬다는 후회였다. 아니, 그렇게 만났던 그 날, 그녀에게 나도 같이 놀자고 우겼더라면 셋이서 커피라도 한 잔은 할 수 있었을 것이다. 내게는 늘 그 정도의 뻔뻔함이 있었고, 그녀에게는 그 이상의 너그러움이 있었으니까. 그날 본 그녀의 밝고 건강해 보이는 모습에 '그래, 이렇게 잘 지내니까 굳이 또 연락하지 않아도 되겠지' 하고 방심했던 것을 나는 뒤늦게 후회했다.

하지만 이런 후회는 누구에게도 말할 수 없는, 부끄럽고 한심한 것이었다. 하지 않은 일들, 하지 못한 일들에 대해 훗날 '이럴걸 그랬다, 저럴걸 그랬다'고 후회하는 것은 세상에서 가장 무의미한 것이니까. 제대로 후회하기 시작한다면 나는 훨씬 전, 그녀에게 좀 더 자주 연락하지 못한 것부터 후회해야 했다. 그런데 시간을 앞으로 되돌린들 내가 그때와 다르게 행동했을지는 자신 없다. 그녀가 그렇게 일찍 세상을 떠날 것을 미리 알지 못하는 한, 나는 또 비슷한 삶을 반복했을 것이다.

나이가 들면 들수록 누구나 각자 자신의 인생을 사느라 바빠진다. 시간은 더 빠르게 흐르고 시야는 좁아지는데, 느리고 둔한 몸은 그날 하루 주어진 일을 해내는 것만으로도 벅차다. 내가 그렇게 살았던 것은 그럴 만했기 때문이 아닐까. 설사 그날 함께 차를 마셨다고 해도 우리는 드러내기에 무리가 없는, 겉도는 이야기만 늘어놓았을 수도 있다. 어쩌면 예전과 미묘하게 달라진 것을 느끼고 '아, 우리도 이제 많이 변했구나' 하며 공연히 서운해졌을지도 모른다.

그녀가 세상을 떠난 후에야 알게 된 것도 있다는 것을 생각해 보면 몇 번을 더 보았던들, 미래를 모르는 상황에서는 예전 그대로 이어지던 관계의 타성을 깨뜨리기엔 역부족이었을 거라는 판단도 들었다. 나는 후회를 접고, 애도만 하기로 했다. 그날 우연히라도 만나 은색 반짝이 바지로 S의 명민함, 사랑스러움을 간직할 수 있게 된 것에 그나마 감사하며.

친구와의 관계뿐만 아니라 흔히 부모님에 대해서도 사람들은 그런 이야기를 종종 한다. 돌아가신 뒤 후회하지 말고 살아 계실 때 잘하자고. 그러나 부모가 완벽히 약자인 경우, 자식들이 그들을 살피고 돌보는 일이 단순히 '미래에 후회하지 않기 위해서'는 아닐 것이다. 애틋한 연민이 저절로 끓어오르는 것이지 '언젠가 떠날 사람에 대해' 개인적인 회한을 없애기 위해 그런 계산을 하는 것은 아니다.

부모와의 관계에서 자신이 정말 잘했는지는 누구도 자신할 수 없다. 인간인데, 실수도 허점도 분명히 있었을 것이다. 그렇다고 그런 것을 어떻게 일일이 다 후회하며 가슴 아파해야 할까.

흔히 '나이 들어 반드시 후회하는 것들'이라는 목록을 우리는 인터넷에서 쉽게 볼 수 있다. 우리가 두려워서 하지 못했던 것들이나 귀찮아서 하지 않았던 것들, 혹은 무지해서 깨닫지 못했던 것들이다. 예를 들면 여행을 더 많이 하지 못한 것, 사람들과 더 화목하게 지내지 못한 것, 운동으로 체력관리를 하지 못한 것, 사랑하는 사람들에게 사랑한다고 말하지 못한 것, 쓸데없는 걱정으로 시간을 보낸 것 등이다.

이런 것을 미리 알고 행동을 바꾼다면 먼 훗날 덜 후회할 것은 확실하다. 하지만 그보다 중요한 것은 이미 지나간 일에 대해 아예 후회할 것을 염두에 두지 않는 것이다.

후회는 그저 뒤늦은 변명일 뿐이다. 또한 말과 생각의 군더더기다. 반성이 이성적인 성찰이라면, 후회는 감성적인 집착이다. 나에게도, 남에게도 구질구질하게만 느껴진다. 후회할 시간과 에너지가 있다면 지금 내가 할 수 있는 일에 집중하고 앞으로 나아가는 것이 훨씬 낫다.

비이성

•

결국엔
이성이 승리해요

누군가 당신의 SNS에 말도 안 되는 악플을 달았다면 어떻게 할 것인가? '1 더하기 1이 2라고 당신은 주장하는데, 정말 2인 것이 맞느냐? 당신이 책임질 수 있느냐?' 뭐 이런 수준의 글이라면 어떻게 대응할 것인가?

화가 나는 대로 '이게 무슨 헛소리냐' 혹은 '당신이 뭔데 나한테 이래라저래라 하느냐'는 댓글로 응수할 수 있다. 아예 그런 악플을 지워버리고, 상대 계정을 차단해버릴 수도 있다. 그렇지만 기분은 여전히 나쁘다. 밥맛도 사라지고, 내가 이 SNS를 계속해야 하나 싶은 회의가 들 수도 있다. 내게 호의적인 사람들이 99%라고 해도 1%의 이상한 사람이 내 SNS를 주시하고 있는 것 같아 새

글을 올리기도 왠지 두려워진다. 그런데 악플 수준이 아니라 아예 소송까지 걸린다면?

영화 〈나는 부정한다〉의 사건이 그랬다. 역사학자이자 대학교수인 데보라의 강연에 평소 홀로코스트(제2차 세계대전 중 나치 독일이 자행한 유대인 대학살) 부정론자로 알려진 데이빗 어빙이 나타나 데보라를 공격한다. 그는 홀로코스트가 실제로 일어났다는 증거가 있느냐고 따진다. 그리고 적반하장으로 그녀가 자신을 모욕했다며 명예훼손으로 그녀를 고소한다. 영화를 보며 나는 일본이 우리나라에서 끌려간 일본군 성노예 여성들에 대해 강제성의 증거가 없으니 자기네도 잘못이 없다고 우기고 있는 현실을 떠올렸다. 미쳤구나, 미쳤어. 울화가 치밀었다.

당사자인 데보라 역시 마찬가지였다. 그녀는 분노에 휩싸여 재판을 준비하기 시작한다. 그런데 그녀의 재판을 돕는 변호사들의 태도와 전략이 그녀와 상반되었다. 순간순간 울컥하는 감정을 숨기지 못하는 데보라와 달리 그들은 처음부터 끝까지 차분하고 이성적이었다. 심지어 증언해주려고 찾아온 홀로코스트 생존자들도 그냥 돌려보낸다. 아픈 상처에 또다시 생채기를 낼 필요가 없다며. 어쩌면 희생자들의 고통이나 상처를 드러내는 것이 판결에서 유리할 수 있었을 텐데 아예 차단해버린 것이다. 그 얼음처럼 냉정하고 침착한 태도 자체가 사실 승리를 위한 전략이었다.

데이빗 어빙을 법정에서 마주했을 때, 그들은 그를 아예 쳐다보지도 않는다. 마치 그가 존재하지 않는 것처럼, 쳐다볼 가치도 없는 물건인 것처럼 그의 억지에 무반응으로 일관한다. 이런 하찮은 의견에 화를 내는 것조차 아깝다는 듯, 오직 명백한 역사적 사실로만 싸운다. 진실은 일부 괴짜들의 헛소리로 훼손되거나 망가지는 게 아니라는 것을, 그 단단하고 차가운 태도로 보여주는 것이다. 그리고 멋지게 그들은 승소한다.

흔히 감정이 배제된 사람을 보면 사이코패스나 소시오패스를 떠올린다. 감정을 드러내고 쉽게 눈물을 흘려야 인간적인 것으로 받아들인다. 그러나 눈물이나 억울한 심경을 다 보인다고 모두 선량하거나 약한 사람은 아니다. 어린아이의 울음에조차 의도가 있는데 성인이 남에게 보이는 눈물에 의도가 없을까.

나는 누군가 쉽게 눈물을 보이면 오히려 정색하게 된다. 참으려고 노력하면 참을 수도 있을 텐데 왜 굳이 눈물을 보이는 거지? 그리고 그가 무엇을 원해서 이렇게 행동하는지 살펴보게 된다. 진짜 눈물은 홀로 있을 때 흘리는 것으로 충분하다. 사회 안에서 행동할 때는 최대한 이성을 기반으로 사고하고 행동하는 것이 더 신뢰받을 수 있는 태도다.

우리나라에서는 2019년부터 '노재팬No Japan' 운동이 진행되었다. 그동안은 일본의 어이없는 행태에 대해서 그저 그때그때 분노하고 욕하기만 했을 뿐, 실제 생활에서는 일본산 물건을 거부감없이 사용하곤 했다. 특히 유니클로의 히트텍 같은 제품은 마치 겨울철 필수품인 양 구매해왔다. 그런데 이번의 '노재팬' 운동은 달랐다. 감정적으로 분노를 강조하는 게 아니라 차분하게 '일본제품? 됐어. 우리 것이 더 좋아' 하는 뉘앙스가 더 강하다. 시작은 감정 때문이었어도 이것을 지속할 수 있는 것은 '그동안 일본제품이 더 좋다고 생각한 것은 착각이었다'는 이성적 판단이 이어졌기 때문이다.

우리 개인의 일상에서도 이성의 파이를 더 키워야 한다. SNS에 찾아와 악플을 다는 사람들이나 당신의 인생을 훼방하는 나르시시스트 같은 인간들처럼 일상에서 사소하게 부딪치는 여러 관계에 대해 일일이 감정을 담아 대응하는 대신, 차갑게 바라보는 것으로 끝내는 것이다. 너무 심심해서 '아무나 걸려라, 한판 붙자'고 생각하고 있던 게 아니라면, 당신의 소중한 시간을 그런 것에 사용하지 말았으면 한다.

삶에 대한 집착

•

모두가
언젠간 떠나요

    수시로 자살 충동을 느꼈으면서도 나는 한편으로 건강하게 오래 살고 싶었다. 고뇌와 고통은 회피하고 싶었지만, 그렇다고 일과 가족, 친구들 모두와 싹 이별하는 것은 너무 큰 두려움이었다. 그건 나만의 욕심이 아니었다. 모든 인간은 인간의 수명을 늘리기 위해 계속 노력해왔다.

    그렇게 해서 현대인의 수명이 길어진 것은 축복일까, 저주일까? 개인에게는 축복일 수 있다. 그렇지만 정작 사회에서는 그렇게 받아들이지 못하는 것 같다. 그 내용을 많은 작가가 작품을 통해 이야기한다.

추첨을 통해 죽어야 할 사람을 정함으로써 인구를 조절한다는 호시 신이치의 『생활유지부』, 100세가 되면 무조건 죽는 것이 법이 된 미래를 그린 야마다 무네키의 『백년법』, 70세 생일로부터 30일 이내에 죽어야 한다는 법안이 통과된 이후의 삶을 보여주는 가키야 미우의 『70세 사망법안, 가결』, 한 명이 태어나면 한 명이 죽어야 한다는 설정의 커트 보니것의 『2BRO2B』(To be or not to be), 그리고 베르나르 베르베르의 『황혼의 반란』이 그러하다. 『황혼의 반란』에서는 70세가 넘은 노인들이 끝내 죽기를 거부하고 도망치자 그들을 쫓던 정부가 독감 바이러스를 이용해 마침내 뜻을 이룬다. 소설 속 정부는 노인복지 제도 때문에 국가 재정에서 적자가 늘어나는 것을 두려워한 것이다.

이 작품들을 보면 다수의 더 나은 삶을 위해 인구는 반드시 조절되어야 한다는 것, 또한 인간이 너무 오래 사는 것이 무조건 선은 아님을 알게 된다. 오래 사는 것은 여전히 모든 인류의 간절한 바람이지만, 제한된 재원 안에서 그것이 어쩌면 공동체의 이익에는 반할 수 있다는 진실을 외면하기는 어렵다.

물론 이 소설들처럼 인위적으로 인명을 조절하는 것은 잔혹한 일이다. 하지만 이와 반대로 인간의 삶을 무한정 연장하는 것 역시 무자비한 일이다.

불과 얼마 전만 해도 의식이 전혀 없는 환자에 대해 치료 효과가 없음에도 일단 연명치료가 시작되었으면 그것을 결코 중단할 수 없었다. 그런 환자를 돌보는 가족들의 고통은 고스란히 그들의 몫이었다. 그러다가 2009년 무의미한 연명치료 장치 제거를 허락하고 '존엄사'를 인정하는 판결이 내려졌고, 2018년 제도가 도입되어 이제는 개인이 먼저 '사전연명의료의향서'를 작성해두거나 가족의 합의가 있으면 무의미한 삶의 지속을 거부할 수 있게 되었다. 최근 기사에 의하면 사전연명의료의향서를 작성하는 사람의 숫자가 해마다 늘고 있다고 한다. 가까이에서 연명치료 환자를 겪은 사람은 더욱 빨리 그런 결정을 내리는 것 같다.

무조건 오래 살고자 하는 것이 인간의 본능이라는 시각은 이제 바꾸어야 한다. '더 오래'보다는 짧더라도 '더 인간답게' 사는 것이 인간이 바라는 것이다. 나도 예외는 아니다.

영화 〈미 비포 유〉는 안락사를 계획하고 있던 남자 윌과 그를 돌보던 간병인 에밀리아 루이자 사이의 짧았던 사랑 이야기를 그리고 있다. 무료시사회에 당첨되어 혼자 참석했던 내게 이 영화는 그야말로 충격이었다.

비록 전신마비 환자이긴 하지만 경제적으로 넉넉한 데다가, 사랑스러운 여친도 생겼는데 윌은 집요하게 죽음을 향해 걸어간다.

그는 자신의 생을 마감하는 것에 전혀 미련이 없었다. 나는 계속 '그렇지만 너무 했어'와 '그래도 살아야지'를 반복하다가, 가까스로 만약 내가 월의 입장이었으면 어땠을까 곰곰이 생각해보았다.

그 상태에서 그의 삶은 온종일 누워서 다른 사람의 손길만 기다리는 화초 같은 삶이었다. 그는 달리고, 뛰고, 격렬히 표현하는 것에서 기쁨을 느끼는 사람이었다. 그렇게 숨만 쉬며 누워있는 것은 삶이 아니었다. 나라고 다를까. 나도 그렇다. 운동은 싫어하지만 내 몸을 직접 움직여 내 의지대로 고양이를 만지고, 남편을 끌어안고, 주변을 정리하며 하고 싶은 일을 하고 싶다. 남의 의지에 나를 맡기는 게 아니라 내 의지대로, 내가 알아서 움직이고 싶은 것이다. 그게 불가능하다면, 무슨 낙이 남을까. 시간이 흐를수록 내가 주변에 폐만 끼치고 있다는 자괴감도 자라날 것 같다. 사랑하는 사람이 생겼으니까, 그래서 더욱 미련 없이 그 사람을 위해 떠나겠다는 결심을 할 수 있을 것이다. 비록 시간은 걸렸지만, 마침내 나는 월을 이해하게 되었다.

우리의 삶은 언젠가 끝난다. 부자든, 가난한 사람이든, 착한 사람이든, 나쁜 사람이든 세상 모두에게 공평하게. 다만 매 순간 충만히 산다면 떠나야 할 시간을 맞이했을 때, 뒤늦게 삶의 길이에 집착하지 않을 것 같다. 그렇게 할 수 있도록 열심히 살 수밖에.

"Live boldly, Push yourself. Don't settle.(대담하게 살아요. 끝까지 밀어붙여요. 안주하지 말아요.)" 영화 속 윌이 루이자에게 남긴 당부처럼 말이다.

기대

●

이제는
내려놓아요

　우리 본당 신부님께서 들려주신 실화다. 한 젊은 신부님이 운영하는 노숙자 보호센터에 갈 곳 없던 한 노숙자가 새로 들어왔다. 며칠 후 그는 신부님의 최신형 노트북을 훔쳐 도망가버렸다. 얼마 되지 않아 경찰서에서 신부님께 연락해왔다. 어울리지 않는 물건을 가지고 있던 노숙자가 검문에 걸린 것이다. 경찰관은 신부님의 노트북을 보여주며 혹시 저 사람이 훔쳐 간 것이냐고 물었다. 그러자 신부님은 말했다.

　"아, 이거요? 제가 저분께 드린 겁니다."

　왠지 익숙한 이 느낌… 맞다. 소설 『레미제라블 Les Misérables』에서 장발장과 미리엘 주교의 이야기가 바로 떠오른다. 주교의 너그러운 처사에 장발장은 크게 감동하고 죄를 뉘우치지 않았던가. 그러나 21세기 대한민국에서의 결말은 달랐다. 경찰서에서 풀려난 노숙자는 감사를 표하고 참회를 약속하는 대신, 신부님께 노트북값을 요구했다고 한다. 어쨌거나 노트북을 다시 찾지 않았느냐며 말이다. 『레미제라블』의 감동을 기대했던 것이 나만은 아니었을 것이다. 그러나 기대는 기대일 뿐이었다.

어느 소설가의 이런 일화도 있다. 그는 자기의 소설책을 읽고 있는 여성을 우연히 지하철 옆자리에서 보게 되었다. 그녀가 읽고 있는 페이지를 확인한 그는 '이제 곧 폭소를 터뜨리겠지' 하고 기대했다. 그 부분은 자신이 심혈을 기울여 쓴, 가장 재미있는 부분이었으니까. 그러나 그녀는 무표정하게 책장을 넘겼고 한숨과 함께 책을 덮어버렸다.

이 정도면 소설가로서 품을 수 있는 소박한 기대였지만, 그런 기대와 현실의 결과가 일치하는 경우는 참 드문 것 같다. 사실 모든 작가는 자신이 책을 내기만 하면 베스트셀러가 될 것을 기대하고, 가수들도 음원을 내자마자 1등이 될 것을 기대한다. 그러나 이런 기대대로 되는 경우는 지극히 소수다. 기대는 언제나 희망보다 실망과 더 연관되는 단어다.

일상에서도 우리는 기대를 품고 매일을 살아간다. 나는 종종 좋은 꿈을 꾸고 일어나면 반드시 해몽을 찾아보곤 했다. 해몽의 내용이 좋으면 이 꿈 때문에 행운이 오거나, 좋은 일이 생길 것을 생각하며 기대에 차서 하루를 보냈다. 그런데 시간이 흐르면서 결국, 깨닫고 말았다. 꿈은 행복과 아무 상관이 없다는 것을. 아무리 좋은 꿈을 꾸어도 그에 맞는 좋은 일이 생기지 않는 날이 훨씬 더 많았다. 나의 기대는 헛된 것이었다. 사심 없는 봉사활동을 한다고 해도 상대가 '기뻐하겠지', 누군가 '고마워하겠지' 하는 마음을 품게 마련이다. 그러나 이런 기대 역시 종종 배반당한다. 내가 베푼 호의에 고마워하기는커녕 '네가 좋아서 한 일 아니냐'고 폄하되기도 한다.

이렇게 허망하게 품었다가 사라져버리는 기대는 사람을 지치게 한다. 영화 〈세라핀〉을 보면 금방이라도 인정받고, 성공할 것 같아서 한껏 기대에 부풀었지만. 결국 기다리고 기다리기만 하다가 마침내 정신적으로 몰락했던 화가 세라핀 루이의 고통이 잘 그려져 있다.

기대의 허망함을 일찌감치 간파한 예언가 노스트라다무스는 중요한 일을 앞에 두었을 때일수록 전혀 기대를 품지 말고 철저히 절망하라는 조언까지 남겼다. 기대를 품는 마음은 공평함이나 담담함에서 살짝 벗어나 판단의 균형을 잃어버리게 하기 때문이다. 차라리 '이젠 끝이다' '희망은 없다' '그러니 될 대로 되라지' 같은 심정이 낫다는 것이다.

실제로 부모가 자녀에 대한 기대를 크게 가져 '귀하게' 키울수록 아이는 제멋대로 자란다. 아무런 기대가 없었으면 독립심이라도 생기는데 말이다. 자녀가 공부를 잘한다면 그 자체로 부모의 고민을 덜어주고 있는 현재 상황에 감사하면 그만이다. 명문대에 진학하거나 좋은 직장에 취직할 것까지 먼저 예상할 필요는 없다. 그러나 한번 기대를 품은 사람은 계속 기대에 기대를 더한다. 그래서 아이가 갑자기 공부에 흥미가 없어졌다고 하면 세상이 무너진 것 같은 반응을 보이기도 한다.

배우자 간에도 '우리는 완벽한 인연'이라고 기대를 하고 있으면 약간의 균열에도 크게 흔들린다. 작은 거짓도 용납되지 않아 상처를 받기도 한다. 인간이 원래 완벽할 수 없고, 결혼도 최선이 아닌 차선의 방법이라는 것을 받아들이고, 아무런 기대를 하지 않으면 오히려 하루하루 감사하게 느낄 수 있는 일이 생기는데 말이다.

수없이 많은 기대를 배반당한 뒤, 나는 이제 미래의 일에 대해, 그리고 다른 사람에 대해 함부로 기대하거나 희망을 발설하는 일에 조심하게 되었다. 나의 기대는 여러 가능성 중 하나일 뿐이다.

어느 쪽으로 상황이 기울여질지는 아무도 모른다. 기대 때문에 마음이 한쪽으로 치우쳐 있으면 정확한 판단을 그르칠 수도 있다. 어떤 상황이 오든 의연하고 담담하게 맞이할 수 있도록 나는 마음을 그저 텅 비워놓도록 노력할 뿐이다.

흑백논리

·

중간에 서도
좋아요

어쩌면 성장 과정 내내 회색은 나쁘다는 생각을 주입받았던 것 같다. 예스 아니면 노이고, 친구가 아니면 적이었다. 청군·백군의 운동회, 반공 교육, 정치색 등 색깔로 사람을 쉽게 판단했던 사회 분위기의 탓도 있었을 것이다. 그 후로도 오랫동안 어떤 일에서든 누군가 이도 저도 아닌 모호한 태도를 보이면 경계하게 되었다. 즉 갈등이 일어난 상황에서 '너는 둘 중에 어느 편이야?' 했을 때, 잘 모르겠다고 하면 자신을 숨기려는 것 같았고 비겁하다는 느낌을 받곤 했다. 그렇게 한 가지의 입장, 한 가지의 답만 요구하는 게 지나친 폭력이고 강압이라는 것은 나중에 깨달았다. 세상에는 다양한 색이 있는데 어떻게 흑과 백, 둘 중에서 하나만 고를 수 있을까.

『반쪼가리 자작Ⅱ Visconte Dimezzato』은 이탈리아 작가 이탈로 칼비노의 소설이다. 메다르도 자작은 터키와의 전쟁에 나갔다가 대포를 맞아 몸이 산산이 부서진다. 의사들은 그의 몸을 애써 꿰매어내지만 결국 반쪽만이 고향에 돌아오게 된다. 그 반쪽은 하필이면 메다르도 안에서 악한 쪽이었다. 반쪽의 메다르도는 악한 시선으로만 세상을 본다. 온전히 악으로 가득 찬 그는 아름다움과 지혜와 정당성은 바로 조각난 것들 속에 있다며 자연의 모든 것을 자기처럼 반쪽 내며 사람들을 괴롭히고 온갖 악행을 저지른다.

훗날 메다르도의 또 다른 반쪽, 착한 반쪽이 마을에 돌아온다. 그럼 선한 반쪽은 좋기만 한 걸까? 메다르도의 조카인 화자는 이렇게 말한다. 비인간적인 사악함 못지않게 비인간적인 덕성, 그 사이에서 우리는 자신을 상실한 듯한 느낌을 받았다고. 결국 마을의 의사가 두 반쪽을 하나로 만들어버리면서 갈등은 봉합된다.

세상에는 이것 아니면 저것, 좋은 것 아니면 나쁜 것으로 나눌 수 없는 것들이 너무 많다. 명백한 악과 명백한 선 사이에 존재하는 무수한 가능성에 우리가 존재한다.

나에 대해서 고백해보아도 그렇다. 나는 악한 사람인가? 아니다. 나도 제법 정의와 공정을 좋아한다. 그렇다고 좋기만 한 사람도 아니다. 이유 없이 선행할 때도 있지만 이유 없이 심통을 부리기도 한다. 그 중간에서 때론 이쪽으로 때론 저쪽으로 오간다.

　다행인 점은 나 스스로 나를 좋은 사람이나 나쁜 사람으로 규정짓는 것을 원하지 않는다는 것이다. 그냥 다양한 스펙트럼을 오갈 수밖에 없는 존재일 뿐. 다른 사람들에 대해서도 마찬가지다. 누구도 함부로 좋은 사람, 나쁜 사람이라고 명명하고 싶지 않다. 죽은 사람에 대한 평가도 매번 달라지는데, 아직 인생을 달려가고 있는 사람들의 마지막 골이 어딜지 모르니 말이다.

　흑백논리는 세상이나 사람을 쉽게 세뇌하고 지배하는 방법이다. 물론 상황 판단을 할 수 없는 어린아이에게 '불은 위험해' '낯선 사람은 조심해'라고 가르쳐야 한다. 하지만 이것을 평생 가지고 가도록 놔둘 수는 없다.

　영화 〈랍스터〉는 해괴한 설정으로 시작한다. 이 미래의 국가에서 커플이 아닌 사람은 법으로 지정된 호텔에 머물며 45일 안에 자신과 비슷한 짝을 찾아야 한다. 그렇지 않으면 동물로 변해 숲속에 숨어 살아야 한다.

　이 호텔은 흑백논리의 전당이다. 동성애나 이성애는 인정해도 양성애는 안 된다. 여성의 옷, 남성의 옷도 한 가지 스타일로 모두 똑같이 입어야 한다. 발에 구두를 맞추는 게 아니라 있는 구두 중 비슷한 사이즈를 골라 신어야 한다. 무엇보다 '커플은 선이고, 싱

글은 악'이라는 논리 아래 온갖 폭력이 자행된다. 커플이 되지 못하면 그는 랍스터가 되어야 한다. 하지만 100년을 유유자적하게 살며, 아무 번뇌 없이 무수히 번식만 할 수 있는 랍스터의 삶이 그의 현실보다 더 나빠 보이지 않는다.

생각해보면 결혼적령기를 들이밀며 결혼에 대해 압박했던 우리 사회와 크게 다르지 않다. 특히 여성에 대해서 서른이 넘어서도 결혼하지 않은 경우, 당연하게도 '왜 아직 안 했느냐'는 질문이 사방에서 날아왔던 것을 요즘 사람들이 과연 이해할 수 있을까? 왜, 아무것도 선택하지 않으면 안 되는 걸까? 그냥 중간에 머무르면 안 되는 걸까?

이제는 어느 정도 인식이 달라져서 결혼이든, 이혼이든, 비혼이든 각자 결정할 수 있는 시대가 왔다. 꼭 이렇게 해야만 정답이라는 세상은 이제 굿바이다.

쉽고 빠른 판단에 흑백논리만 한 게 없다. 자기주장을 강하게 펴기에도 좋다. 충분히 유혹을 느낄 만하다. 그러나 그것이 실제의 세계와 가능성에 대해 완벽히 왜곡하는 지름길이라는 것을 깨닫는다면 이제 브레이크를 밟을 수 있지 않을까.

PART 4

진짜가
아닌 것들

지나고 보면 결국 아무것도 아닌, 경쟁심, 비교, 집착, 사심, 강박. 진짜
가 아닌 이런 것들에 현혹되어 내 시간과 힘을 낭비하지 말자. 나만의
삶을 이루는 것은 결코 비교되거나, 경쟁할 수 있는 게 아니다. 내 삶
을 이루는 진짜가 무엇인지 깨닫는 나이 마흔이 되면 오롯이 자신의
삶에 집중해야 한다.

forty comes to anyone

경쟁심

•

과연 가치 있는
경쟁인가요?

얼마 전 돌아온, 1990년대 스타로 주목받은 양준일 씨의 강의를 유튜브로 들었다. 가수 활동을 접고 잠시 한국에서 영어 강사로 지냈던 그는 여러 어린이를 가까이에서 접할 수 있었다고 한다. 그런데 그는 그들에게서 충격적인 모습을 보았다. 아이들은 친구라는 정의를 다르게 내리고 있었다. 서로 아끼고 감싸주는 관계가 아니라 상대가 나보다 앞서면 어떻게 해서든 끌어 내려야 하는 경쟁자로 생각하고 있었다는 것이다. 상대의 성공이 전혀 기쁘지 않아 상처 주는 말을 하고, 또 그런 말을 들은 친구는 참고 참다가 화를 폭발하게 되는, 그런 불편한 관계가 친구라는 이름 아래 이어졌다는 것, 안타깝지만 공감할 수밖에 없었다.

내 기억 속 학창시절 교실 분위기도 그랬다. 시험 잘 본 친구의 성적을 큰소리로 공개하는 선생님과 아깝게 뒤로 처진 아이들이 힘없이 고개를 떨구던 모습. 상대의 기쁨이 나의 슬픔이 되던 순간. 우리가 한 교실에 있던 것은 관리의 효율성 때문이지 아이들 간의 우정 쌓기나 교류는 고려의 대상이 아니었다.

그것이 지금은 더 심해졌다. 경쟁할 것이 공부 하나로 치중되는 중고등학교 시절은 차라리 평화로운 편이다. 대학교 이상만 되어도 이제 경쟁의 분야는 더 넓어진다. 경제력, 인맥, 외모 관리, 스펙 쌓기…. 취업 후, 결혼 후는 어떤가. 경쟁은 끝이 없다.

한정된 자원을 가진 사회에 다수가 존재함으로써 경쟁심은 어쩔 수 없이 생겨나는 것으로 볼 수도 있다. 원하는 위치에 가기 위해서는 같은 목표를 가진 다른 사람들을 이겨야 하는데 혼자 느긋할 수는 없다. 문제는 이것이 습관이 되어 모든 분야 또는 아주 사소한 일에도 경쟁심을 갖는 사람들이 많아지고 있다는 것이다.

도로에서 다른 차가 얄밉게 나를 추월해서 달리면 자존심에 자극을 받아 덩달아 속력을 내게 된다. 모든 자동차에는 얼굴은 없지만 표정이 있다. 상대가 내게 혀를 내밀었다 싶은 그런 느낌이 있는 것이다. 엘리베이터나 지하철을 기다리고 있을 때도 그렇다. 내가 먼저 왔고 앞에 서 있었는데 뒤에 있던 사람이 쓱 튀어나와 앞서 탈 때가 있다. 나는 내리는 사람을 배려해서 옆으로 빠져 있었을 뿐인데 말이다. 그런 때 나는 기분도 나쁘고 또 궁금해진다. 늦게 왔으면서도 먼저 타려는 사람의 마음은 뭘까? 그런 것에서조차 남을 제쳐서 기분이 좋은 걸까? 이름도 정체도 모르는 사람, 다시 볼 일 없는 사람들을 이긴 것이 정말 좋을까?

진지한 경쟁에선 이겨야 한다. 김연아가 아사다 마오를 이기는 일엔 전 국민의 자존심이 걸리기도 했다. 하지만 정당한 게임이나 승부가 아닌, 일상생활에서의 소소한 심리적인 것에까지 경쟁심을 느끼고 승리감을 만끽하는 건 좀 유치하다.

나는 영국 드라마 〈닥터 포스터〉를 보다가 포기하고 말았는데, 이혼한 부부가 같은 마을에 살게 되면서 서로가 지나친 복수심과 경쟁심에 불타오르는 것을 지켜보는 일에 지쳐버렸기 때문이다. 현재 행복과는 전혀 관계없는 과거 모습에 연연하고, 서로의 약점을 건드리고, 또 반대로 역습을 당하는 그런 모습들은 현명해 보이지 않았다. 그냥 깔끔하게 손을 털고, 지저분한 경쟁의 세계에서 발을 뺀 뒤 자신의 길을 가는 것이 사실 진정한 승자다.

JTBC의 〈차이나는 클래스〉에서 김누리 교수는 '새로운 나라를 만든 독일의 교육'이라는 제목으로 다른 나라 사람들의 다른 시각을 소개했다. 우리나라의 교육이 지식을 외부에서 학생들의 머릿속으로 집어넣으려는 것이라면, 독일에서의 교육은 안에 있던 개인의 고유능력을 밖으로 끌어내는 것이다. 즉 우리나라 학생들이 과도한 경쟁에 몰입하는 데 비해 독일의 학생들은 성교육, 정치교육, 생태교육 등을 통해 강한 자아, 사회적 자아를 형성시키기 위해 노력한다는 것이다.

그럼 우리나라에서와 같은 그런 경쟁은 개인의 자아 형성과 어떤 연관이 있을까? 경쟁이란 같은 목표를 향해 앞서거니 뒤서거니 다투는 것이다. 내가 원하는 것이라기보다 일단 주변 사람들이나 친구들, 그리고 대부분 사람이 원하는 목표를 향한 순위 다툼이다. 그런데 만약 내가 진정으로 원했던 것이 그 목표가 아니었다면? 그것을 검토하고 파악할 겨를도 없이 부모님에 의해, 선생님에 의해, 주변의 시선에 의해 경쟁에 내몰린다는 것이 안타까운 것이다.

같은 방송에서 김누리 교수가 언급한 이탈리아의 철학자 프랑코 베라르디가 본 한국 사회의 특징에서도 1위는 '끝없는 경쟁'이었다. 그 뒤를 극단적 개인주의, 일상의 사막화, 생활 리듬의 초가속화가 잇고 있다. 어느덧 한국인의 기본 습성처럼 되어버린 경쟁을 자기 안에서 어떻게 소화할 것인지가 마흔을 앞둔 당신에게도 아주 중요한 과제가 아닐 수 없다.

돈에 대한 집착

•

돈이 최고인 삶을
꿈꾸나요?

식물원에 같이 가기로 한 아빠가 약속을 어겼다.

"약속을 그렇게 어기는 게 어디 있어요?"

울먹이는 딸에게 아빠가 돈을 건넨다. 딸은 눈물을 거두고 돌아서다가 의자에 부딪힌다. 순간 조심하지 못했다고 엄마에게 혼날까봐 그녀는 돈으로 무마할 궁리를 한다. 학교에 지각하면 선생님께 역시 돈을 드려야 하니까 서둘러 버스를 탄다. 한 노인이 자리 양보를 부탁하며 돈을 내민다. 수업 시간엔 돈이 세상을 지배한다고 배운다. 아니나 다를까, 60점짜리 시험지는 돈을 내서 90점으로 만들 수 있다. 그 시험지를 아빠에게 보이니 아빠는 칭찬과 함께 딸에게 돈을 선물로 준다. 60점을 90점으로 만들 때 선생님께

드렸던 돈은 그렇게 회수된다. 잠이 들기 전까지 돈 계산만 하던 딸은 문득 예전의 어린이들은 어떤 꿈을 꾸었을지 궁금해한다. 호시 신이치의 소설 『돈의 시대』는 자본주의가 극대화된 미래 사회의 살벌한 풍경을 보여준다. 하지만 이 가상 미래의 이야기에서 황당함보다는 '그래, 우리 사회도 멀지 않았다'는 느낌을 받았다는 것에 나는 더 소름이 돋았다.

언제부터인지 결혼이든, 생일이든 축하 선물은 물건 대신 돈이 오고 간다. 현금을 은행에서 찾아오는 것조차 귀찮아 상대의 은행 계좌에 바로 보내기도 한다. 내가 혼자 '만약 축의금을 계좌로 보내면 어떨까' 하는 아이디어를 떠올렸을 땐, '아, 편하겠지만 또 너무 이상하겠네' 생각했다. 비즈니스도 아닌데 실물이 아닌 '숫자'만 보낸다니. 이건 개그 프로에서나 한번 사용하고 웃어넘길 에피소드라고 여겼었다. 그런데 얼마 가지 않아 그 방법이 상용되는 것을 보고 나는 우리가 오랫동안 걸치고 있었던 어떤 옷을 한 겹 벗은 느낌을 받았다. 그것은 가볍고 홀가분해진 것일 수도 있지만, 뻔뻔해지는 쪽으로 한발 더 나아간 것일 수도 있다.

어찌 되었든 받는 사람이 가장 원하는 것은 돈이라는 것. 또 보내는 사람 역시 자신의 시간과 수고를 괜히 낭비하고 싶지 않다는 의지가 '축의금의 계좌 송금'에서 드러난다. 그렇게 돈만 주고, 돈만 받으면 아무 문제가 없다는 사고방식이 우리 사회에 슬쩍 자리를 잡게 되었다.

영화 〈베테랑〉에서처럼 실제로 사람을 맘껏 때리고 맷값이라며 돈을 던지는 악덕 재벌 3세가 등장하기도 하고, 사악한 부자는 가난한 사람을 상대로 끝없이 소송을 거는 방식으로 괴롭히기도 한다. 돈은 어느새 사회 안에서 최상의 가치가 되어 돈으로 해결할 수 없는 일은 없는 것처럼 보인다. 하지만 이대로 계속 간다면 우리 삶은 소설에서의 전개처럼 단순, 삭막, 살벌함으로 치닫게 될 것이다.

나 역시 평생 돈을 벌기 위해 노력했고, 적지 않은 순간 돈 때문에 걱정했고, 여전히 돈에서 벗어날 수 없는 인생이긴 하다. 그렇지만 나는 오직 돈이 인생에서 가장 중요한 가치라는 것에는 절대로 동의할 수가 없다.

돈을 엄청나게 많이 버는 일엔 대개 어떤 살기殺氣가 동반된다. 가혹한 희생과 인간다움을 넘어서는 광기가 필요하다. 그렇게 번 돈을 지키는 데도 역시나 비슷한 에너지가 사용된다. 인간적인 면을 유지하면서 유유자적하게 부자가 된 경우를 본 적이 있는가.

흔히 건물주가 가장 쉽게 돈을 버는 것처럼 생각하지만, 각자 다른 사정이 있는 임차인으로부터 매달 임대료를 받아내는 일은 만만치 않다. 웃는 얼굴로 상냥하고 친절하기만 해서는 불가능하다. 프로 스포츠 선수들이나 연예인의 세계에서도 거액이 오가는 만큼 연민이나 동정은 완전히 배제된 자기관리가 요구된다.

기네스북에 등재된 세계 최고의 부자 J. 폴 게티의 실화를 다룬 영화 〈올 더 머니〉는 부자의 사고방식이 어떠한지 잘 보여준다. 아끼던 손자가 괴한들에게 납치되었지만, 그는 합의금을 내줄 수 없다고 선언한다. 범인들은 부자에게도 가족이 가장 소중할 거라고 믿고 일을 벌였는데 그게 아니었다. 부자에게 1순위는 돈이었다. 돈이 최상의 가치인 사람에게는 재산의 1%나 100%나 똑같다. 모든 것의 초점이 돈에 가 있다. 그렇지 않으면 J. 폴 게티의 말처럼, 한순간 부자가 될 수는 있어도 부자로 오래오래 살 수는 없을 것이다.

그러나 그렇게 돈에만 집착하는 삶은 많은 것을 놓치게 된다. 당신이 마흔을 눈앞에 두고 있다면 더욱 돈이 아닌 다른 것에도 눈을 돌려야 한다. 낭비하며 돈을 펑펑 쓸 이유도 없지만, 그렇다고 돈이 전부인 양 집착해서 다른 것들을 포기해서는 안 된다. 인생을 살면서 더 늦기 전에 경험해야 할 것들, 여행, 연애, 취미 등이 분명히 있는데 돈 **때문**에 계속 미룬다면 10년 뒤 허겁지겁 돌아봤을 때 그것들의 색은 이미 초라하게 바랠 것이기 때문이다.

비교

•

도토리도
비교는 싫어해요

한동안 엄친아, 엄친딸이라는 말이 유행했다. 자식을 다른 집 자식과 비교하던 부모들의 욕심에서 생겨난 말이었다.

"엄마 친구 아들, 엄마 친구 딸은 공부도 잘하고 취직도 잘하던 데 넌 왜 그러니?"

그러자 금수저, 은수저라는 표현이 뒤를 이어 등장했다. 원래 'born with a silver spoon in one's mouth'라는 숙어로 존재하던 것인데, 이걸 굳이 우리말로 번역해서 쓰게 된 것이다.

"걔네는 부모 잘 만나서 잘나가는 거잖아요!"

자식들의 항의다. 부모는 자식을 다른 자식과 비교하고, 자식은 부모를 다른 부모와 비교한다.

어찌 보면 비교는 가장 쉽게 사물의 가치를 따져보는 방법이다. 무게, 크기, 가격, 색상…. 그런데 사물이 아닌 사람을 그런 식으로 비교한다는 것은 좀 씁쓸하다. 요즘 들어 스펙spec이라는 말도 많이 쓰지만, 원래 이 단어는 기계나 물건의 사양 혹은 자세한 설명서를 이르는 말이었다. 사람의 가치를 물건 가치 따지듯 그렇게 비교만으로 쉽게 파악할 수 있는 것일까?

어린 시절 부모나 선생님 같은 주변 어른들에 의해 번번이 친구·형제자매들과 비교당하던 때 내가 느낀 건, 내가 낫다는 평가도 부담스러웠고, 못하다는 평가도 억울하다는 것이었다. 어느 쪽이든 비교는 상처였다. 제발 그 입 좀 다물어달라는 게 솔직한 내 바람이었다.

비교가 나쁜 이유는 공연한 질투나 시기심을 일으키게 하기 때문이다. 비교하기 전엔 전혀 의식하지 못했던 사람을 다른 사람들의 말 때문에 의식하기 시작한다. 사람들은 그저 재미로 이런 일을 한다.

같은 사무실에서 일하는 직원 두 명이 또래라면, 둘을 공공연히 비교하기도 한다. A는 이런 옷을 입는데, B는 저런 옷을 입네? A는 컴퓨터를 잘하는데, B는 그보다 못하네? A는 비싼 동네에 사는데, B는 그보다 못한 동네에 사네? 상대적으로 나쁜 평가를 받는

B는 갑자기 A가 불편해진다. A는 가만히 있었을 뿐인데 다른 사람들 때문에 B와 사이가 멀어진다. 비교하지 않았더라면 서로 좋은 동료, 오래갈 친구가 될 수도 있었을 텐데 말이다.

공공연한 비교가 이루어지는 경연대회에서의 비교는 그래도 가능하다. 심사위원이 객관적으로 순위를 가를 수 있다. 그런데 일개 참가자임에도 스스로 함정에 빠진다. 다른 사람이 나보다 더 나은 결과를 만들어냈을 때, '저 사람과 나는 어떤 점이 다른 것일까' 하며 비교, 분석에 들어가는 것이다.

하지만 그것은 쉽지 않다. 객관적인 시각이 아니기 때문이다. 예를 들어 대회에 나가서 누구는 1등을 차지하고 자신은 3등을 했을 때, 3등의 눈에서는 1등이 왜 1등인지 좀처럼 이해가 가지 않는다. 3등의 시각에서 그 위의 세계가 보이기란 어렵다. 겸허하게 상황을 받아들이고 다음 기회를 위해 분발해야 하는데 계속 1등과 자신을 하나하나 비교하려 든다면 답을 얻기보다 상처만 받게 될 것이다.

내 삶을 생각해봐도 그렇다. 내가 현재 가진 것만 생각하면 딱히 아쉬울 것도, 부족할 것도 없다. 그냥 평화로운 나날이다. 그런데 누군가 '갑자기 천만 원이 생겼는데 이걸 어떻게 할까요?' 한다거나, '새 차를 사려는데 BMW가 나을까요, 벤츠가 나을까요?' 물으면 갑자기 생각이 멎는다. '아, 나는 저 사람에 비해 가난하구나' '아, 우리 집은 다른 가정보다 여유가 없구나' 이런 것이 올라온다. 철마다 해외여행을 다닌다거나, 훌륭한 저택에서 여유로운 전원생활을 하는 경우를 봐도 그렇다. 그런 때면 문득 내가 선 자리를 돌아보게 되고, '겨우 이 정도에 만족하고 사는 게 정말 괜찮은 걸까' 하는 의문이 든다. 다른 사람들의 시선으로 보니 내 삶이 그다지 완벽하지 않은 것으로 보인다. 아무도 내 인생은 부러워할 것 같지 않다.

하지만 그럴 때마다 나는 애써 정신을 차린다. 그리고 내게는 그들이 겪지 못했을 나만의 경험이 있고, 돈으로는 결코 그 가치를 따질 수 없는 예쁜이들(고양이들)과 가족이 있음을 상기하곤 한다. 이 소중한 것들을 어떻게 잊고 내 삶이 초라하다고 한탄할 수 있는가.

비교하지 말라. 정 남과 비교를 하려거든 하나도 남김없이 모든 것을 낱낱이 비교하라. 지나온 삶과 앞으로의 미래, 눈에 보이지 않는 모든 것까지. 경제력만, 외모만, 능력만 골라서 비교해 스스로 상처 주지 말아야 한다.

사람은 단편적인 존재가 아니라 종합적인 존재다. 그 뒤에 드리

워진 한 사람의 인생 또한 그렇다. 모든 것을 다 비교하여 총점을 내어보라. 그러면 언제나 비록 간발의 차라고 해도 자신의 삶이 승리하게 될 것이다.

과거 쌓아두기

•

언젠가 버릴 것들,
오늘 버려요

길을 걷다 보면 다른 집들의 발코니를 무심코 보게 된다. 꽃 화분으로 예쁘게 장식한 집도 있고, 우리 집처럼 빨래가 가득 널려 있는 집도 있다. 그런데 유독 눈길이 머무는 집은 발코니 가득 온갖 상자들이 빽빽이 쌓여 있는 집이다. 발코니에 저렇게 쌓아둘 정도면 다른 방이나 다용도실도 물건으로 가득 차 있을 것이다.

그 상자들을 지나칠 때마다 나는 상념에 빠진다. 저 물건들은 언제 정리될까, 그런 날이 오기는 올까? 현재의 삶에 필요하지 않아서 치워둔 것이지만, 과거의 미련 때문에 또 혹시 모를 미래를 위해 계속 저 상태로 몇십 년을 가게 되는 것은 아닐까? 물건에 깃든 추억과 미련을 버리고, 현재의 정확한 효용과 가치를 판단하는 일에는 집중된 에너지가 필요하다. 그 에너지를 아끼다 보면 물건은 저렇게 기하급수적으로 쌓이게 된다.

나는 굳이 나누자면, 미니멀라이프를 지향한다고 할 수 있다. 하지만 그쪽으로 가기까지 뜻하지 않은 사건이 있었다. 꽤 오래전 일이다. 초등학교 때부터 받은 상장, 성적표, 친구들이 보낸 카드, 연예인에게 팬레터를 보낸 뒤 받은 답장과 사진들, 수집한 우표, 그 밖에 종이로 된 소중한 모든 것을 이전 집에 두고 왔음을 이사 온 뒤 1년여가 지나서 깨달은 것이다. 평소 거의 열어보지 않던 작은 창고 안에 넣어두었기에 까맣게 잊었다.

비록 그렇게 완전히 잊고 살긴 했었지만, 나는 한참 가슴 아파 했다. 눈과 손으로 확인할 수 있던 내 지난날의 추억을 깡그리 잃어버린 것이니까. 그것을 발견한 누군가는 '이게 웬 쓰레기야?' 하며 미련 없이 버렸을 테지만 말이다.

몇 날 며칠을 슬퍼하고 아쉬워하고 쓸쓸해하던 나는 마침내 이렇게 마음을 다잡았다. 내가 소중히 가지고 있는 다른 것들도 언젠가는 버려진다. 언젠가는. 그저 '그 친구들'은 내 실수로 먼저 사라진 것뿐이다. '그 친구들'이 계속 내 곁에 있었다고 달랐을까. 간직하고는 있었겠지만 여전히 나는 들여다보지 않았을 것이다. 나는 언제나 허둥지둥 현재의 삶을 살아내기에도 벅찼을 테니까. 예전에 그랬던 것처럼. 아니면 남들이 그러는 것처럼 발코니 한구석에 처박아놓았을 것이다. 아마 이사할 때나 다시 존재감을 발휘했을 것이다. 어? 너 거기 있었구나.

본의는 아니지만, 나의 노력 없이 과거의 한 부분을 정리한 것, 나는 미리 숙제한 것으로 받아들이기로 했다. 가장 소중한 것을 너무 어이없게 잃어버린 기억은 집착을 더는 데 쓴 약이 되었다.

미니멀라이프가 유행하고 있지만, 아직은 아무것도 버리지 못하는 사람들이 더 많은 것 같다. 물건뿐만이 아니다. 마음속에 과거를 가득가득 채워두기도 한다. 어린 시절의 나쁜 기억은 더 깊이 간직되어 있다. 가족 때문에 서운했던 것, 채워지지 못했던 욕구의 기억, 왕따당한 경험 등 해소되지 못한 내면의 문제는 더 참을 수 없을 즈음에 터져 나온다.

마흔이 그런 나이기도 하다. 어리다고 할 수는 없는데 사회적 기대대로 완전히 성숙한 어른처럼 처신하기도 어렵다. 이쯤에서 발목 잡는 과거와 완벽히 거리를 두고 끊지 않으면, 계속 과거의 기억을 바탕으로 한 채 오염된 판단, 삐딱한 판단을 이어가게 된다. 그럼 어떻게 마음속 과거를 들어낼 수 있을까?

일단 누구에게라도 자신의 상처가 되었던 과거를 털어놓는 것이다. 그런 상대가 여의치 않다면 혼자 글로 풀어내거나, 상담을 받는 것도 좋다. 어떤 방법이든 일단 마음속에서 꺼내놓는 순간, 객관화된다. 그리고 자신이 어디로 나아가야 할지 방향이 보인다. 밖으로 드러내는 데 오랜 시간이 걸렸을 뿐이다.

안에 있던 것을 들어내어 비웠다면 이제 새로운 것으로 채우는 것이 필요하다. 평소 전혀 관심 없었던 취미나 공부를 새로 시작해본다. 그것은 무척 신선해야 하고, 또한 나의 일상을 완전히 바꿀 수 있어야 한다. 새로운 것이 들어오지 않으면 마음은 관성의 법칙에 의해 자꾸 과거로 돌아가기 때문이다. 자신을 주인공으로 한 소설이나 드라마 같은 스토리를 완성해보는 것도 좋다. 이 주인공이 살았으면 하는 인생을 스스로 작성해가다 보면 실제 자신의 삶도 어떻게 바뀌어야 하는지 깨달을 수 있게 된다.

결심만 확고하다면 우리는 매일 새로운 삶을 살 수 있다. 아픈 과거, 지나간 상처들은 빨리 잊도록 한다. 곱씹고 되새긴들, 더는 이 세계에 존재하지 않는 것들이다. 오늘도 새로운 법칙으로 새롭게 돌아가고 있는 세상에서 우리가 배우고 받아들여야 할 것은 너무 많다. 그걸 생각하는 것만으로도 바쁘다.

근시안

•

조금만
멀리 보아요

2020년 초반, 코로나19 바이러스 때문에 전 사회적으로 거리 두기 캠페인이 벌어졌다. 사적인 모임부터 공적인 모임, 성당 미사, 교회 예배, 그 밖의 모든 그룹 행사가 중지되었다. 사스나 메르스도 겪었지만 이렇게 일상 전반이 완연히 방역 태세로 바뀐 것은 처음 있는 일이다. '이웃과 가까이, 가족과 가까이'를 강조하던 사회가 이젠 노골적으로 사람과 사람 간 서로 거리를 두고 떨어질 것을 강권하고 있다. 중요한 것들의 순서가 바뀌었고, 또 세상에 그렇게 절대적인 것도 없다는 것이 밝혀졌다.

그렇게 거리 두기를 하게 되면서 이런 생각이 들었다. 어찌 보면 이것은 모든 사람이 살아가면서 한 번은 꼭 실행해봐야 했던 것을 사회 상황이 가르쳐주고 있는 것이라고.

우리는 가끔 거리를 두어야 한다. 모든 것에 대해. 그리고 멀리서 보아야 한다. 다른 사람뿐만이 아니라 자기가 처한 현실에 대해서도 말이다. 타성에 젖어 우리는 나 자신, 내 가족, 내 나라만이 전부라는 좁은 시각, 근시안에 익숙해 있다. 하지만 조금만 거리를 두고 보면 그것만이 정답은 아니라는 것, 또한 내 시각이 한쪽으로 살짝 비뚤어져 있었다는 것을 깨닫게 된다. 우리가 여행을 가는 것도 그저 편하게 먹고 놀기 위한 것이 아니라 자신의 현실을 멀리서 보기 위함이다.

인간은 어쩔 수 없이 근시안이다. 10년 뒤를 생각하며 저축하기보다 오늘 본 신상 옷에 마음을 빼앗겨 구입 버튼을 누른다. 오늘 성공했으면 그 영광이 언제까지나 이어질 것이라 믿는다. 친구가 내게 실수하면 서운함에 곧바로 절교를 생각한다. 누군가 친절을 베풀면 곧 그는 내게 이로운 사람일 것이라고 믿는다.

최근 한 TV 다큐멘터리 프로그램에서는 60대 여성이 지속해서 주변 사람들로부터 투자 명목의 돈을 받고 갚지 않은 사건이 소개되었다. 그녀가 그런 사기 행각을 지속할 수 있었던 데는 이유가 있었다. 피해자 중 한 명이 항상 그녀 곁에서 수행기사 역할을 하면서 '자신도 돈을 빌려줬지만 이렇게 믿고 기다린다는 것'을 행동으로 보여주었기 때문이다. 그런 그를 보면 피해자들은 그녀에게 더 재촉할 수가 없었다. 그럼 그는 왜 그랬을까? 자신이 빌려준 돈에 비하면 형편없는 액수지만 어쨌든 매달 월급 같은 돈을 사기꾼에게서 받았기 때문이다. 그 돈을 받으면서 언젠가는 상황이 바뀔 것이라 믿었다. 즉 당장 눈앞에 떨어지는 현금에 눈이 어두워져 자신은 물론 다른 사람들의 피해까지 감수한 것이다.

등산을 하면 느낄 수 있다. 낮은 곳에 있을 때는 보이지 않던 것들이 위로 올라감으로써 비로소 보인다는 것을. 또한 커 보였던 것이 작아 보이고, 멀리 보였던 것이 가까워 보이고, 마침내 정상 가까운 곳에서 내려다보면 시각이 완전히 전복된다는 것을.

꼭 등산을 하지 않더라도 우리는 서서히 근시안을 벗어나도록 노력해야 한다. 그러기 위해서는 우선 자신의 본능적인 면을 경계해야 한다. 나에게도 가장 힘든 일이지만 먹는 것에 대한 유혹, 신체적으로 편한 것을 추구하는 성향, '뭐 이 정도면 어때?' 하는 짧은 생각들…. n번방 사건의 가담자들처럼 본능이 원하는 대로 가는 길엔 장밋빛이 아닌 잿빛 미래만 기다리고 있을 것이다.

그리고 선제적으로 미래에 닥칠 모든 상황에 대비해야 한다. 상황이 터진 후에 반응하는 것은 대개 부실하고 즉흥적일 수밖에 없다. 아직 거리가 있을 때 미리 대비하는 것이 훨씬 낫다. 이번 코로

나19 사태에서 봤듯이 선진국이라고 자처하던 나라들의 바이러스 대처방식은 그야말로 근시안이었다. 만약의 사태를 먼저 예상하고 준비하고 있었던 우리나라가 특이해 보일 지경이었다. 당장 이웃 대륙에서 터진 바이러스에 대해서 그리 태평했는데, 그들이 비교적 먼 미래에 해당하는 지구 온난화 문제, 인구 감소 문제, 자원 고갈 문제 등에 대해서는 어떻게 고민을 했던 걸까 싶다.

절망보다 희망이 있는 미래를 맞이하기 위해서는 결국 모두의 현명한 공존을 위한 방법을 찾아내야 한다. 그러기 위해서는 우리 모두 멀리 보며 당장 개인의 손해나 이익에 일희일비하지 말아야 한다고 생각한다. 씨앗을 심는 마음으로 타인에게 친절과 성의를 베풀고, 약간의 희생은 인생의 양념처럼 받아들이는 것이다.

사심

진리와 정의는
사심 위에 있어요

영화나 드라마에서 눈에 띄는 남자 주인공은 크게 두 가지 스타일이다. 하나는 늘 웃는 얼굴에 성격과 인성도 너그럽고 인간적인 남자다. 주변 사람들에게 친절하고 여자 주인공에게는 특별히 더 지고지순하다. 당대 최고 인기의 미남 배우가 주로 그런 캐릭터를 맡는다. 그런데 언제부터인가 이와 전혀 반대인 캐릭터가 득세하고 있다. 그는 포커페이스로 여자 주인공에게 인사말도 건네지 않는다. 한마디로 모난 스타일이다. 이런 캐릭터가 남자 주인공인 경우, 로맨스는 기대하지 말아야 한다. 기껏 관계가 진전되어봐야 '한때 잘 지낸 지인' 정도에서 끝난다.

신부님이 주인공이던 〈열혈사제〉는 사제라는 직업상 어쩔 수 없었지만, 미혼의 검사가 주인공이던 〈비밀의 숲〉이나 역시 싱글의 프로야구 선수단 단장이 주인공이던 〈스토브리그〉역시 연애 사건이 하나도 없다. 그런데도 이 드라마들은 성공했다. 차가운 가슴, 더 나아가 독불장군과도 같은 주인공인데도 오히려 대중의 공감과 지지를 얻은 이유는 뭘까? 그들은 비록 오해와 공격을 받더라도 끝까지 냉정한 태도를 유지하면서 모든 사건에 '사심'을 개입시키지 않는다. 자신에게 호의적이라고 약해지거나, 악의적이라고 배척하지 않는다. 그냥 모두에게 똑같이 거리를 둔다.

평소엔 좋은 사람이다가도 가족의 일, 친구의 일, 지인의 일 앞에서는 무너져버리는 '평범한 악인'들이 있다. 믿었던 이런 이들에게 실망한 우리는 차라리 '뼛속 깊이 냉혈한이지만 확고한 주관을 가진 의인'에게 환호할 수밖에 없다. 연애라는 판타지보다 '정의 실현'이라는 판타지가 더 희귀하기 때문이다.

사심은 '사사로운 마음' 혹은 '자기 욕심을 채우려는 마음'으로 사전에 뜻이 올라 있다. 완전히 개인적인 일이라면 그 어떤 결정이든 자기 마음대로 해도 된다. 그러나 나 이외에 다른 사람이 한 명이라도 개입될 때엔 '혹시 이게 나에게만 이로운 게 아닌지, 내가 편하기 위해 다른 사람의 편의와 이득을 방해한 것은 아닌지' 생각해봐야 한다.

사심이 있으면 본질에서 멀어지기 쉽다. 마음이 냉장고 속 아이스크림에 가 있는데 과외수업에 몰두할 수는 없다. 남자친구를 만나고 싶은데 손님을 응대해야 한다면 건성으로 불친절해진다. 공적인 일을 맡고 있다면 더욱더 사심 없는 결정과 진행이 중요하다. 이를 위해 스스로 사내연애 금지를 다짐하는 사람도 있다. 그러나 한순간 사심을 버리지 못해 평생의 직장을 잃어버리는 경우도 우리는 매스컴을 통해 종종 본다.

　"어떻게 나한테 그래?"

　"이 정도 편의도 못 봐줘?"

　주변의 하소연 때문에 혹은 그에 앞서 능력의 과시를 위해 대의를 버린 대가는 크다. 이럴 바엔 그냥 평생 '고집불통의 벽창호'라는 별명으로 버티는 게 나을 텐데 말이다.

　사심 없이 냉정한 캐릭터로서 본받을 만한 역사 속 인물을 떠올린다면 이순신 장군이 연상된다. 소설 『칼의 노래』 저자인 김훈이 묘사하는 이순신 장군은 이렇다. 이순신의 부대에도 전투 중 도망가거나, 군량미를 빼돌리거나, 적과 내통하거나 부녀자를 강간하는 등의 죄를 저지르는 부하들이 있었다. 그런 그들의 목을 베거나 곤장을 때릴 때 이순신 장군은 어떠한 감정도 노출하지 않았다. 그냥 '목베었다' '때렸다' '가두었다' 하는 식이다. 심지어 어느 날은 일기에 그날의 바다 날씨를 적다가 무심히 그날 부하 아무개를 잡아다가 베었다는 것을 적고, 다시 바다 물결에 대해 적는 것으로 마무리를 짓기도 했다. 이건 마치 '봄꽃이 활짝 피었다. 가로수가 모두 분홍색이다. 오늘 무단결근한 회사 직원을 해고했다. 미세먼지가 그리 심하지는 않았다' 하는 식으로 일기를 적는 사장의 느낌이다. 자기 말을 어긴 부하에 대해, 무단결근한 직원에 대해 인간적으로 분통을 터뜨리고 한탄하는 과정이 쏙 빠져 있다. 이순신 장군은 그저 있는 사실, 그리고 자신이 해야 할 일을 그대로 받아들였다.

거기에 정서나 감정을 이입했다면 상황이 더 나아졌을까? 아니다. 불필요하다. 바다의 물결에게 '왜 여기로 왔니?' '이제 어디로 갈 거니?' 물을 수는 없다. 그는 사람의 행위도 마치 바다의 물결 같은 자연 현상처럼 받아넘겼다. 그는 사람을 너무 사람으로 이해하려 드는 것을 경계했다. 그가 헤쳐나가야 할 진짜 현실과 지켜야 할 법도는 인간적인 감정 너머에 존재하기 때문이다. 다른 사람의 말을 자의적으로 해석해서 우리 편 아니면 반대편으로 쉽게 가르는 우리의 눈에는 그저 놀랍기만 한 능력이지만 말이다.

어떤 조직이나 모임에서도 마찬가지다. 많은 사람이 모이다 보면 누군가는 반드시 자기만의 영향력을 키워가려고 노력한다. 그

룹을 짓고, 정치하고, 특정인을 따돌리기도 한다. 그러한 권력 경쟁을 차단할 수 있는 것은 그 안에서 그래도 사심을 품지 않는 이들의 단호함이다. 이순신 장군의 경지까지 갈 수는 없어도 그가 바라봤을 더 높고 넓은 세계를 우리 역시 밑에서라도 바라봐야 하지 않을까.

강박

•

당신을 지배하고 있는 것은
무엇인가요?

수년 전 우연한 기회로 대학로에서 연극 〈톡톡TOC TOC〉을 본 적이 있다. 여기에서 TOC은 불어로 'Troubles Obsessionnels Compulsifs'의 약자이며, 이는 인간에게 나타날 수 있는 여러 강박증을 뜻한다. 강박증은 '본인의 의지와 무관하게 어떤 생각이나 장면이 떠올라 불안해지고 그 불안을 없애기 위해 어떤 행동을 반복하게 되는 질환'이다. 〈톡톡〉에는 각기 다른 강박증에 시달리는 사람들이 등장한다. 자제할 수 없이 욕을 내뱉는 사람(뚜렛증후군), 무엇이든 숫자로 계산해야만 하는 사람, 세균으로 인해 질병에 걸릴까봐 두려워하는 사람, 뭐든지 확인하고 또 확인해야 직성이 풀리는 사람, 모든 말을 두 번씩 하는 사람, 대칭을 맞춰야 마음이 편해지는 사람 등이다.

영화 〈조커〉에서도 비슷한 증상으로 고통받는 주인공을 볼 수 있다. 아서 플렉은 제대로 된 스탠딩 코미디를 하고 싶어 하는, 거리의 광대다. 그러나 한번 웃기 시작하면 멈출 수 없는 강박적 증상 때문에 스탠딩 코미디는 언제나 실패한다. 결국 지하철 안에서 만난 남자들 앞에서도 발작적인 웃음 때문에 시비가 붙고 그는 살인까지 저지른다.

이 연극들에서 과장되게 표현된 사람들의 강박적인 증상은 우스꽝스럽기도 하고, 걱정스럽기도 하다. 하지만 그 모습이 그리 낯설지도 않다. 그건 아마도 현대인 누구나 약간의 강박적 증상은 가지고 있기 때문이 아닐까 한다. 생각하기 싫은데도 내내 사로잡혀 곱씹는 일, 의미 없는 일인데도 안 하면 불안해지는 어떤 습관. 내 안에서도 한두 가지는 찾을 수 있다. 나의 경우엔 조금만 불안해져도 화장실로 달려가는 것이다. 꿈속에서도 가장 많이 등장하는 장소가 화장실이다. TV 속 연예인들이 들판이나 자연에서 촬영하는 모습을 보면 걱정스럽다. 저러다가 갑자기 배가 아프면 어떻게 하지?

문제는 그렇게 병적인 상태까지는 아니라고 해도, 우리가 생각하고 행동하는 방식 안에도 강박적인 측면이 있다는 것이다. 『인간 본성의 법칙The Laws of Human Nature』에서 로버트 그린은 '사람들은 절대로 어떤 일을 한 번만 하지는 않는다'라고 밝힌다. 어떤 잘못된 행동을 했을 때 사람들은 이를 후회하고, 변명하고, 사과한다. 하지만 그 행동은 반복될 가능성이 아주 크다는 것이다. 바람을 피웠지만, 용서를 빌고 결혼을 했다 치자. 한 번 연인이나 배우자를 속여본 경험이 있는 사람은 그 짜릿한 흥분과 재미를 잊지 못한다. 상대를 속이는 방법은 더 발전한다. 치밀하고 완벽하게 다시 모험에 도전한다.

한 번 사기를 당했거나 사이비 종교에 빠졌던 사람들도 그렇다. 처음에 자신이 솔깃해했던 그 달콤한 말이나 희망찬 소식이 다른 곳에서 들려오면 과거는 잊고 가슴이 또 요동친다. 과거의 미흡했던 부분이 보완된 것 같고, 이번에는 뭔가 달라 보인다. 자신에게 손해가 될 것이 뻔한데도 그쪽으로 향하려고 한다. 흔히 '사람은 잘 바뀌지 않는다'는 말은 이렇게 누구에게나 '강박적인 면'이 있음을 뜻한다.

평온한 일상에서는 그러한 결핍이나 욕망이 두드러지지 않는다. 그러다가 불편한 상황이 발생하거나 스트레스가 폭발하면 억눌렀던 것들이 다시 고개를 든다. 우리는 이따금 국내 최고의 훌륭한 대학에서 교육을 받고 유학도 다녀온 소위 엘리트가 벌인

뜻밖의 범죄 사실과 마주치기도 한다.

'저런 사람이 왜?'

지금까지 그가 읽었을 훌륭한 책들, 그가 만났을 위대한 스승들, 그가 직면했을 고도의 집중되고 긴장된 순간들이 그에게 아무런 교육적 효과를 주지 못했던 건가, 의심이 들지 않을 수 없다. 어쩌면 그게 사실인지도 모른다. 그런 사람은 그러한 최고급의 교육을 받기 이전에 이미 자기만의 어떤 강박, 즉 '남을 이겨야 한다' '성공하면 그만이다' 같은 생각에 사로잡혀 있었던 것일 수 있다. 이런 강박에 장악된 사람에게는 그 어떤 교육도 잠깐의 덧칠에 불과할 것이다.

강박에 장악당하면 강박만이 그 사람의 정체성이 된다. 올리버 색스의 『아내를 모자로 착각한 남자』에 등장하는 투렛증후군 환자로서 아무 욕이나 내뱉는 증상과 함께 드럼 연주에 탁월했던 레이라는 남자의 고백처럼 말이다.

"틱을 치료할 수 있다 하더라도 그 뒤에 무엇이 남겠습니까? 나는 틱으로 이루어졌으니(만약 병이 다 치료되면) 아무것도 남지 않을 겁니다."

당신도 마흔이면 이미 당신의 강박적인 면이 상당 부분 고착되어 있음을 알고 있을 것이다. 바뀌지 않는 것은 바뀌지 않는다. 빠졌던 구멍에 또 빠진다. 그렇지만 무조건 손을 놓고 가만히 있을 수는 없다. 자신을 파악하고 분석한 뒤 조금이라도 개선의 여지가 있는 부분을 찾아야 한다. 물론 시간이 오래 걸릴 것이다. 하지만 집중된 노력을 한다면 30대에 안고 살던 강박적 문제와 증상을 60대, 70대에는 어느 정도 놓아버릴 수 있지 않을까.

PART 5

무의미로
이끄는 것들

인생의 절반쯤으로 볼 수 있는 마흔이라는 나이. 사람들은 쉽게 '백세 인생'이라고, 이제부터 시작이라고 하지만 아무도 살아갈 날이 살아 온 날만큼 남았다고 장담하지 못한다. 그렇기에 이제는 무엇이 의미 있고, 무엇이 의미 없는지 스스로 판단해야 한다. 무의미한 것들은 내 삶에서 조용히 내보내야 한다.

forty comes to anyone

죄책감

·

당신 탓이
아니에요

어린 시절 내게 가장 떨쳐버리기 힘든 감정은 죄책감이었다. 사춘기의 짧은 기간이었지만 성당을 다니며 그리스도의 사랑을 어설프게 배운 뒤로, 희생해야 하는데 못했을 때, 또 다른 사람에 대한 혐오를 느낀 후엔 곧바로 죄책감이 생겨났다. 한마디로 착하게 살아야 한다고 믿고 노력했지만 그러기가 쉽지 않았다. 느는 것은 죄책감뿐이었다.

자신이나 타인에 대한 이해가 부족하고, 감정의 경계를 짓는 방법을 모르던 때라 '이러면 안 되는데' 한탄하면서도 어쩔 수 없었다. 혐오를 막을 수도 없고, 죄책감을 막을 길도 없고. 결국 우울함의 극에 도달하곤 했다. 진퇴양난의 시간이었다. 서머싯 몸의 소설

『달과 6펜스The Moon and Six pence』를 그 시절에 읽었더라면, 조금은 다르게 생각할 수 있지 않았을까 싶다.

　『달과 6펜스』의 주인공 스트릭랜드는 증권 브로커로서 일하다가 갑자기 그림을 그린다며 아내 곁을 떠나 파리로 간다. 그곳에서 그는 자신을 인정하고 응원해주는 친구 스트로브를 만난다. 스트릭랜드가 아플 때, 스트로브는 그를 집에 데리고 와서 극진히 간호까지 해준다. 그렇게 고마운 친구에게 스트릭랜드는 친구로서 못 할 짓을 한다. 그의 아내를 빼앗고 집까지 차지해버린 것이다. 또 얼마 가지 않아 그녀를 매몰차게 저버려 결국 그녀를 죽음으로 내몬다.

　이 일에 대해 훗날 소설의 화자가 어떻게 그럴 수 있느냐고 묻자 스트릭랜드는 이렇게 말한다. 그 친구는 남을 돕는 걸 즐겼을 뿐이라고. 그리고 그의 아내는 어리석고 균형 잡히지 않은 인간이라 그런 짓을 저지른 것뿐이라고. 즉 스트릭랜드에게는 죄책감 같은 것은 전혀 자리 잡고 있지 않았다.

　여기서 죄책감을 대하는 두 사람의 다른 스타일이 보인다. 스트로브와 스트릭랜드, 두 사람 사이에는 죄책감을 받아들이고 이해하는 것에 간극이 있었다.

　　　　　　　　　　　×　　＊

스트로브는 난처한 처지에 처한 친구를 외면하는 것에 죄책감을 느꼈다. 그래서 그를 물심양면으로 도왔다. 하지만 스트릭랜드는 정반대였다. 친구가 불행에 빠지는 데 일조했지만, 죄책감은커녕 미안해하지도 않았다. 스트릭랜드의 입장에서는 다른 사람들이 먼저 그에게 다가와 멋대로 친절을 베풀었던 것뿐이다. 스트릭랜드는 그들에게 아무것도 기대하지 않았고 자신의 불행마저 스스로 책임지려 했다. 그는 사람들이 타인도 자신과 같을 것이라고 너무 얄팍하게 판단하는 것에 혐오를 느꼈던 것 같다.

죄책감은 사실 커다란 죄를 저지른 사람이 느끼는 게 맞다. 그런데 실제로는 커다란 죄를 저질러 죄책감을 느껴야 할 사람은 죄책감을 안 느끼고, 그다지 큰 잘못을 저지르지 않은 사람들, 대개 소심하고 유약한 사람들이 그것을 느낀다는 것이 문제다. 심지어 죄를 짓지도 않았는데 '죄책감을 느끼게 될까봐' 미리 행동을 자제한다.

사실 죄책감을 쉽게 느끼는 삶은 행복과 거리가 멀다. 내가 그랬듯, 매사에 움츠러들고 우울해진다. 나의 행복에 집중하기보다 남의 눈치를 보기에 바쁘다. 죄책감을 느끼지 않는 것은 너무 뻔뻔하고 이기적인 태도라는 자각 때문에 여기에서 벗어나려는 시도도 하지 못한다. 이런 게 착한 아이 콤플렉스good boy syndrome일

것이다. 타인으로부터 착한 아이 또는 착한 사람이라는 칭찬을 듣기 위해 자신의 욕구나 욕망을 억제하고 타인의 요구를 먼저 살피는 것이다. 악의적 나르시시스트는 이런 사람들을 귀신같이 알아차리고 접근하기도 한다.

하지만 우리가 각자의 삶에 진실하게 접근하고 성실하게 몰두한다면, 근거 없는 죄책감에 시달릴 이유가 없다. 부디 억지로 죄책감을 창조하지 말고, 헛된 고민에 빠지지 말자.

영화 〈아무르〉는 노년의 음악가 부부에게 갑자기 들이닥친 불행한 현실을 그리고 있다. 하루가 다르게 건강과 총기를 잃어가는 아내를 보다 못한 남편은 자기 방식으로 그녀의 삶에 종지부를 찍어준다.

세상의 잣대를 들이댄다면 그는 무시무시한 일을 저질렀고 마땅히 죄책감을 느껴야 한다. 무기력하게라도 남편으로서 그녀를 끝까지 돌봐야 했는데 그러지 못했다. 하지만 그녀를 진정으로 사랑한 남자로서의 그를 생각하면 조금 다르다. 그의 사랑과 책임감은 죄책감을 넘어선, 훨씬 무거운 것이었다. 타인의 잣대로 선불리 판단할 것이 아니다.

우리 삶도 마찬가지다. 타인의 시선으로 재단해 '그렇게 흘러갈 수밖에 없었던 내 인생'에 대해 지레 죄책감을 불러일으키는 일은 없어야 한다. 죄책감을 등에 지고 계속 살아가는 것은 너무 우울하고 슬픈 일이다.

열등감

•

작은 마을은
떠나야 해요

20대 때의 일이다. 남친이 당일치기로 강릉 바다를 보고 오자고 제안했다. 그의 친구 커플이 같이 가기로 했다. 그런데 그날 남친 친구의 여친을 처음 보고 나는 깜짝 놀랐다. 평범한 내 얼굴과 달리 연예인처럼 예쁜 얼굴이었다. 지금은 구체적으로 떠올릴 수 없지만, '쨍'하게 태양이 뜬 것 같은 느낌이었다.

두 남자는 마치 귀한 손님 모시듯 기차 안에서도, 바닷가에서도 그녀에게만 집중했고, 그녀만 살뜰히 보살폈다. 상대적으로 나는 꾸어다 놓은 보릿자루가 되었다. 자연스러운 일이라고, 그럴 수 있다고 받아들이려고 해도 쉽지 않았다. 나는 정말 어찌해야 좋을지 몰랐다. 내 남친마저 점점 내게 말을 걸지 않아, 입을 꾹 다문 채 눈치만 살피는 시간이 이어졌다.

불편하고 서운했다. 그냥 집으로 갔으면 좋겠는데, 나 혼자서 돌아가기엔 너무 먼 거리였다. 탈출할 수도 없는 여행지라는 공간에 갇힌 채, 나는 열등감이라는 게 무엇인지 절절히 느껴야 했다. 원하지 않던 경기에 어쩔 수 없이 출전했는데, 나만 계속 지고 있는 느낌. 그렇다고 경기를 포기할 수도 없고, 점수를 만회할 방법도 없는 느낌.

그날 이후 나는 남친의 친구나 커플끼리 만나는 일을 피했다. 친구들과 같이 만난다고? 싫어! 얼마 가지 않아 결국 우리는 헤어졌다. 한참이 지난 후, 나는 그날의 일이 꼭 그렇게 전개되지 않을 수도 있었다는 것을 깨달았다.

열등감은 언제나 다른 사람과의 비교 때문에 일어난다. 세상에 나 혼자라면 외모든, 학력이든, 지위든, 인간관계든 내가 누구보다 못하다는 자각을 할 이유가 없다. 그런데 여러 사람이 모이면 서로 비교하고, 순위를 매긴다. 그 비교를 다른 사람만 하는 게 아니라 스스로도 한다.

강릉 여행의 경험에서도 나는 그녀를 보자마자 내가 열등하다고 믿어버렸다. 한 번 열등감에 사로잡히니 무력해졌다. 나는 기억하지 못하지만, 누군가 농담을 했어도 웃지 못했을 것이고, 표정이 계속 어두워졌을 것이다. 그 분위기를 바꿀 수 있는 '자격'이 내게 있다고 생각하지 못했다.

그러면 이런 상황에서 상대적으로 못난 사람은 내가 그랬던 것처럼 우울해하고 기가 죽어야만 할까? 내가 조금만 성숙했더라면, 그렇지 않았을 것이다. 미추는 이목구비의 배열이 결정하는 게 아니다. 성격과 태도가 훨씬 더 중요하다. 사람에게는 다양한 면이 있고, 장점이 있으면 단점도 있다. 어느 한 가지로 판단할 수 없다. 그러나 그날의 나는 단순하게도 외모가 가장 중요하다고 믿어버렸다. 이런 일은 사실, 너무 많이 일어난다.

어느 가정에서는 오직 자녀의 성적만 중요하다. 부모는 성적으로 자식의 서열을 매기고, 효도 역시 성적으로 해야 한다. 여기서 가장 뒤처지는 자식에게 비극이 시작된다. 아무리 운동을 잘하고, 친구도 많고, 좋은 사람으로 살아갈 각오를 해도 공부를 못하면 부모나 다른 형제로부터 인정을 받지 못한다.

자녀가 성장한 뒤에는 이제 돈이 가장 중요해진다. 아무리 착하고 성실해도 돈을 잘 벌지 못하면 가정 내에서 존재감이 없어진다. 돈만 잘 벌면 가장 어린 동생이 집안 대소사를 좌지우지하기도 한다. 외모 역시 가정 내에서 편애와 서열 매기기의 원인이 된다.

이런 조직 내에서는 아무리 열심히 살기 위해 노력해도 소용이 없다. 공부를 못한다는 이유로, 돈을 잘 벌지 못한다는 이유로, 못생겼다는 이유로 내 가족에게 '못난 자식' '부끄러운 형제'로 낙인이 찍혀버린다. 여기에서 생겨난 열등감은 사람을 옴짝달싹 못하게 옭아맨다. 그 어떤 꿈도 꾸기 어렵고 시도도 어렵다. 무엇을 하든 수치심과 자괴감이 계속 따라온다.

"그까짓 성적, 하나도 안 중요해!"

"돈이 전부는 아니야."

"얼굴 따위가 뭐가 중요해?"

옆에서 이런 이야기를 들려준들 공허하다. 자기 안에 이미 저런 가치관이 자리 잡고 있고, 자신을 그런 식으로 판단하는 사람들이 가까이 존재하고 있기 때문이다.

이런 열등감은 스스로 자기 긍정을 통해 극복하는 것이 필요하다. 그러기 위해서는 환경을 바꾸는 것이 먼저다. 만약 누군가 고정된 잣대로 자신을 계속 평가하고 저울질하려 한다면 그가 비록 내 부모라고 해도, 오랜 친구나 애인이라고 해도 거기서 벗어나야 한다.

열등감은 보통 좁은 우물 안에 있을 때 생긴다. 우주의 시각에서 보면 도토리 키재기에 불과한데 이 좁은 곳에서 '네가 낫네, 내가 낫네' 하는 것이다. 환경을 바꾸어 보면 자신을 억눌렀던 열등감이 터무니없는 것이었음을 알게 된다. 자신을 낮게 평가하던 시선이 수십억 명 중 극소수의 시각이었다는 것도. 아, 나는 이대로도 충분히 괜찮은 사람이었는데! 이 사실을 너무 늦게 깨닫지 않기를 바란다.

자기 자신도 다른 사람을 볼 때 한 가지 잣대로만 판단하지 않도록 해야 함은 물론이다. 외모만 아니라 성격을, 능력만 아니라 품성을, 나아가 그 사람만의 개성을 종합적으로 통찰하는 것이다. 다른 사람을 폭넓은 시각으로 들여다보면 자기 자신도 더 깊이 이해하고 받아들이게 된다. 부디 열등감과 함께 나이 들어가지 않았으면 좋겠다.

고통

•

**끊을 수 없지만
견딜 수는 있어요**

지난 몇 년간 『죽고 싶지만 떡볶이는 먹고 싶어』라는 책이 화제가 되었다. 내용에 앞서 책 제목이 던지는 메시지가 인상적이었다. 고통에 괴로워하면서도 당장 눈앞의 즐거움에 눈이 멀어 그 순간을 잊는 것, 절벽에 대롱대롱 매달린 채 떨어지는 꿀에 혀를 내미는 것, 바로 매일을 살아가는 우리의 모습이 아닌가. 우울증이 아니어도, 큰 불행까지는 아니어도 고만고만한 고통은 늘 우리 곁에 있으니 말이다.

사회 시스템이 달라지면, 의학과 과학기술이 발전하면 인간의 고통도 사라질 것이라고 믿은 적이 있었다. 그런데 그렇지가 않았다. 과거에 비해 풍요롭고, 자유로워진 건 사실이지만 여전히 고통은 우리 가까이 있다. 하나를 이겨내면 다음 날 새로운 고통이 등장한다. 이제는 괜찮겠지, 하는 순간 뒤통수치는 일이 또 일어난다. 고통을 완전히 없애주겠다고 나서는 종교단체에 사람들이 몰리지만, 그렇게 호언장담할수록 믿을 수 없는 곳이라는 것이 밝혀졌다. 이제는 고통에 대해 다른 접근이 필요하다.

테드 창의 소설 『네 인생의 이야기The story of your life』는 삶과 고통에 대해 조금은 다르게 받아들이는 방법을 제시한다. 어느 날 '헵타포드'라는 외계인들이 지구를 찾아온다. 언어학자 루이스와 물리학자 게리는 소통하기 위해 그들과 접촉한다. 그 과정에서 루이스는 자신도 모르게 외계인의 방식으로 사고하는 법을 배운다. 즉 지구인은 시간의 흐름에 따라 사건을 인식하며 그에 따라 원인과 결과를 인지한다. 언어의 문장도 그런 식으로 구성된다. 그런데 헵타포드의 사고와 언어는 다르다. 그들에게는 시작과 끝이 한꺼번에 결정된다. 예를 들면, 입을 여는 순간 무슨 말로 마무리할지 이미 계산된다. 그렇게 하지 않으면 언어 자체가 성립되지 않는다.

작가는 헵타포드의 사고와 언어를 '페르마의 원리'에 비유한다. 빛은 출발하기 전 언제나 최단 경로를 선택하며, 그렇게 해서 이미 결정된 최종 목적지에 도달한다는 것. 그런 식으로 헵타포드들은 시작과 함께 결과를 알고 있고 과거, 현재, 미래의 모든 사건을 한꺼번에 경험한다. 타인과의 대화 역시 이미 결과를 알고 있는 일의 담담한 수행에 불과하다.

루이스도 헵타포드처럼 어느 순간 과거, 현재, 미래의 삶을 한 번에 경험하게 된다. 마트에서 목재 샐러드 볼을 보는 순간, 이것이 언젠가 어린 딸의 이마 위로 떨어져 상처를 남기게 될 것을 알아차린다. 그러나 그런 불길한 미래를 알고 있음에도 그녀는 '본능적으로 주저 없이 따라야 하는 느낌'으로 그 샐러드 볼을 집어든다. 맘에 안 드는 미래는 바꿔버리겠다? 나쁜 일은 피해가겠다? 그것은 불가능하다. 모든 것은 시작과 함께 결과가 이미 결정되어 있었기 때문이다. 그녀는 아이가 태어나는 순간과 그 아이가 세상을 떠나는 순간을 동시에 인지했기에, 그 모든 것을 있는 그대로 받아들인 것이다.

사실 우리에게도 그런 경험은 있다. 자기 인생의 과거, 현재, 미래에서 결코 피해갈 수 없는 사건들이 있음을 깨닫는 것 말이다. 지지부진한 사랑 끝의 이별, 잘못된 결혼 후의 이혼, 병약한 가족의 죽음, 그 밖에도 실직, 병고, 사고 등 각자 어느 정도 예상 가능한 고통과 마주하게 된다. 인간으로 태어나 살면서 어쩌면 처음부터 각오했어야 하는 고통들이다.

그렇다고 곧바로 인생은 고해苦海라며 한숨 쉴 필요는 없다. 그 고통들과 그냥 같이 가는 것이다.

나의 경우, 어릴 적에는 완전히 고통을 배제한 삶을 꿈꾼 게 사실이다. 미리 대비하면 피할 수 있을 거라고 희망하기도 했다. 그러나 인간을 괴롭히는 고통은 너무도 다양해서 그 모든 것에 다 대비할 수가 없었다. 이 사람을 만나면 불행해질 것이라는 느낌을 받으면서도 만나기도 했고, 이 맵고 기름진 음식을 다 먹으면 복통에 시달릴 것을 알면서도 수저를 놓지 못했다. 홀린 듯, 그렇게 고통을 향해 제 발로 걸어 들어가기도 한다.

그렇게 피할 수 없이 만나는 고통은 각 인간에게 주어진 운명 안에 수놓아진 것이다. 그렇지만 지나고 보면 전혀 없었던 것보다, 나름의 교훈과 추억을 남기니 그리 나쁘지만도 않다. 죽음은 물론 고통이다. 그렇다고 죽음이라는 고통을 막기 위해, 아예 태어나지 않는 것을 선택하는 것도 어불성설이 아닌가.

가끔은 자신만 겪은 것처럼 자신의 고통에 대해서 너무 낱낱이, 토로하는 사람들이 있다. 그걸 듣는 사람은 무엇을 느낄까? 처음엔 동정심이 든다. 그러나 그것이 지나치면 마치 포르노를 보는 것처럼 극과 극의 감정이 든다. 나도 그렇긴 했지만, 의미 없다는

것을 빨리 깨달아야 한다. 자극적이거나, 역겹거나. 고통의 경험을
뱉어내는 일에 너무 열중하지 않도록 자제하는 것도 마흔에 할
일이다.

불안

●

긍정을 선택하면
불안이 사라져요

개인적으로 가장 불편하고 싫어하는 단어를 꼽으라면 나는 '불안'을 택하겠다. 불안은 '불안하다'고 읊조리는 순간, 감정으로 바로 전이된다. 그리고 신체로 증상이 옮겨와 살짝 소름이 돋고 몸이 떨리기도 한다. 인간이라는 존재가 원래 불안하고, 사실상 세상에는 불안한 것 천지기 때문이다. 하물며 백화점이 무너지고, 다리가 두 동강난 경험이 있는 나라에서 살았는데 안 그럴 수 있겠는가.

'어쩌면 나쁜 일이 일어날지도 몰라' '가장 원하지 않던 일이 생길지도 몰라' 조금만 사회가 혼란스러워도 으레 이런 반응이 나온다. 불길한 추측은 꼬리를 물고 이어진다. 그렇게 솟아난 불안을 자기 안에 간직하지 못하고, 사방으로 전파하는 사람들도 있다.

"이러다가 전쟁 나는 거 아니에요?"

"경제 공황이 올 것 같아요."

그들도 나름 불안하고 절박해서 하는 말이겠지만, 그 때문에 불안은 더 전염되고 증폭된다.

과거 나도 툭하면 불안에 사로잡히던 사람이었다. 어쩜 그리 세상엔 불안한 일투성이었는지. 밖으로는 유괴와 인신매매 같은 강력사건, 안으로는 가정불화와 비교 경쟁, 국가적으로는 언제 전쟁이 일어날지 모른다고 전 세계의 관심을 받고 있었으니 지극히 자연스러운 일이었을지도.

그렇게 불안에 시달리던 내게는 이런 특징이 있었다. 가방이 늘 다른 사람들보다 무거웠다. 만약의 순간에 필요할지도 모르는 물건들이 더 들어 있었기 때문이다. 이대로 가출해도 되겠다는 말도 들었고, 심지어 가방 안에 여분의 신발까지 넣고 다니려고 했던 기억이 있다. '길 가다가 갑자기 구두가 망가지면 어떡해?' 가방의 무게 때문에 어깨가 살짝 기울어지는 것은 생각하지 않았다.

무거운 가방을 줄이고 불안이 아닌 미래의 가능성에 나를 맡기는 일은 나이 마흔에 스페인 산티아고 데 콤포스텔라 순례길 여행을 준비하면서 비로소 가능해졌다. 길고 긴 길을 걸어야만 하는 순례 여행에 온갖 것을 다 챙겨 넣은 가방은 어울리지 않았다. 최소한으로 가방을 싸는 일은 내게 큰 도전이었다. 여행 전, 물건을 가방 안에 쑤셔 넣느라 고생하는 대신, 빼고 빼고 또 빼는 데 시간이 더 오래 걸렸다. 그러고도 막상 여행을 떠나서는 다시 책을 버리고, 여분의 샌들을 버렸다. 마치 잡화상처럼 모든 것을 내 가방 안에 챙겨 넣고 다니던 시절엔 몰랐던, 가벼움을 그때 알았다. 그리고 세상에 대한 믿음도 얻었다. 필요한 것은 그때그때 꼭 나타난다는 것을.

이후 내 평소의 가방도 가벼워졌다. 가위를 왜 넣고 다니니? 줄자는 또 왜? 티슈는 한 개만 가지고 다녀도 돼. 과거 습관에 젖은 나 자신을 설득하는 데 그리 힘이 들지는 않았다.

나이가 들면서 불안은 더욱 늘어나기 쉽다. 건강에 대한 불안, 경제력에 대한 불안, 아직 이루지 못한 꿈을 이루는 데 나이가 걸림돌이 될까 하는 불안. 그러나 불안 자체가 사람을 얼마나 비이성적인 쪽으로 조종하는지, 그 해악을 생각하면 불안은 최대한 끊어야만 하는 것이 맞다.

평생 라면만 먹고도 건강한 노인이 있다. 담배를 피워도 100세까지 사는 노인도 있다. 치열하게 관리해야 건강할 줄 알았는데 꼭 그런 것만도 아니다. 인간의 지식과 능력으로 조종할 수 없는 부분, 끝내 알 수 없는 세계가 있음을 나는 그냥 인정하기로 했다.

그것이 우리의 무거운 책임감을 살짝 덜어준다.

마흔 즈음에 실직하면 어떻게 하나, 하는 불안을 품는 사람도 있다. 그러나 새로운 시작도 가능하다. 자신의 가능성을 너무 좁게 보지 말았으면 한다. '사람이 하는 일'이라는 말이 있다. 사람이 하는 일에는 빈틈도 있고, 실수도 있을 수 있다는 뜻이면서 동시에 '기계적인 법칙대로만 진행되는 일은 없다'는 뜻이기도 하다. 사람이 만든 기준이나 법칙에 지레 자신을 끼워 맞추지 말자. 스스로 '예외'를 만들 자신감을 가지면 좋겠다.

나이 70에 유튜버가 된 박막례 할머니, 62세에 신춘문예에 당선된 김수영 소설가, 76세에 시니어 모델로 활동하는 최순화 씨 등이 마냥 특출난 사례만은 아니다. 전 세계를 뒤지면 더욱 다양한 경우의 수가 나올 것이다. 그런 긍정의 예를 떠올리면서 칙칙한 불안 대신 편안한 마음을 갖고, 행복한 상상력을 발휘하는 것이다. 마음이 동시에 두 갈래로 나뉘는 일은 불가능하다. 긍정의 상상을 지속하는 동안엔 불안이 자리할 수 없다. 불안을 버리고, 긍정으로 가라.

어차피 모든 삶에는 끝이 있다. 그 끝을 맞이하기까지 불안에 떨기보다는, 여유로운 미소를 장착하는 편이 훨씬 더 낫지 않을까.

희생

•

**가치 없는 희생은
하지 말아요**

조남주의 소설 『82년생 김지영』을 영화로 보았다. 책이든 영화든 좀 더 일찍 접하지 않았던 것은 괜히 더 답답해질까봐서였다. 역시나 여자로서 내가 보고 싶지 않았던 장면들이 많이 나왔다. 원작인 소설책은 2016년에 출간되었으니 당시 주인공의 나이는 34세, 젊다면 젊고 어리다면 어린 나이였다. 그런데도 그녀가 겪은 일은 한참 언니인 나의 시절과 별반 다르지 않았다. 후배들은 전혀 다른 시대를 보낼 것이라고 기대했던 내게서 '그럼 그렇지, 역시나' 하는 한탄이 나왔다. 여자들의 희생은 아직도 대를 잇고 있었다.

지영의 친정엄마는 젊어서부터 가족을 위해 공장에서 일했다.

지영은 엄마와 달리 좋은 대학을 나와 좋은 직장에 들어갔으면서도 출산 후에는 다 내려놔야 했다. 시댁에 가서는 돌아올 시간을 스스로 정하지 못한 채 계속 일을 한다. 그 와중에 시모의 면박과 무시는 덤이다. 이리저리 희생하는 딸을 보며 친정엄마는 다시 딸을 위한 희생을 자처한다. 내 엄마도 아닌데 그 장면에서 더 미안하고 가슴이 아팠다.

아무도 희생하지 않을 수 있다면 그것이 최선일 것이다. 모두가 딱 필요한 만큼만 개입하고, 자신의 이득을 충족할 수 있다면 그 누구도 아프고 억울하지 않을 테니까. 그러나 그렇게 계산대로만 이루어지는 조직이 세상에 존속 가능할지 나는 모르겠다. AI들끼리 모인다면 모를까, 인간은 자신의 이기심에는 너그러워도 타인의 이기심에는 비판적이기 마련이다. 서로의 이기심이 충돌하는 순간, 조직이나 모임은 깨지고 만다. 가족이든 취미 모임이든 마찬가지다.

『82년생 김지영』의 지영이 만약 희생하기 싫다며 일을 계속하겠다고 고집하고, 시모의 압박에 반항하며 부산 시댁에도 안 내려갔다면 어찌 되었을까? 선량했던 남편의 눈망울이 그대로 유지되었을 거라고 장담할 수 없다. 결국 누군가의 희생이 조직이나 모임을 이어지게 하는 아교 역할을 하게 된다.

희생은 어쩌면 필요악이다. 그러나 누구 하나의 희생이 반복되는 것은 공정하지 못하다. 시간이 흐를수록 딱히 감사할 일도 아니고, 그냥 본인이 좋아서 한 것으로 폄하되기도 한다. 희생을 즐기는 DNA가 따로 있는 것도 아닌 이상 당사자는 우울과 자괴감에 빠질 수밖에 없다.

따라서 희생에 대해서는 함부로 나서거나 쉽게 결정하지 않았으면 한다. 내 인생은 그만큼 완벽한가? 미래도 철저히 준비되었는가? 다른 사람의 인생을 위해 지금 내 삶에 대해 손을 놓고 버려둬도 되는 상황인가? 깊이 따져봐야 한다. 대부분은 그렇지 않을 것이다. 그런 상태에서 마음이 약해져서 '내가 그냥 희생하고 말지!' 하는 판단은 위험하다. 내 시간과 내 노동력을 타인에게 제공하려면 어느 정도 선을 긋고 원칙도 정해야 한다. 이것은 이기적인 것과 다르다.

봉사활동도 그렇다. 사람들이 아무런 수당도 없이 자기 시간과 노동력을 제공하는 것은 정말 감사해야 할 일이다. 그런데 좋은 마음으로 봉사에 나선 사람들을 '딱히 할 일이 없어서' '심심해서' 온 것이라고 생각하는 사람들이 있다. 이왕 하는 김에 이것도 해주기를 바라고, 저것도 해주기를 바란다. 처음의 좋은 마음을 지키기 위해 어쩔 수 없이 받아들인다고 해도 속으로는 부담스럽고,

우울할 것이다. 제발 나의 희생이든, 남의 희생이든 너무 쉽게 생각하지 않았으면 한다.

그러나 어쩔 수 없이 희생의 역할을 맡게 되었다면, 그 상황을 주체적으로 맞이했으면 좋겠다. 즉 내 책임이기 때문에 내가 희생해주기로 기꺼이 허락했다는 정신이어야 한다. 자신의 상황에 대해 명확히 인식해야 한다는 것이다.

『82년생 김지영』의 지영도 결혼을 결정했을 땐 자신이 기대치 않은 그런 상황이 전개될 수도 있음을 짐작했어야 했다. 우리 사회에는 이런저런 배려를 받으며 치열하게 일하는 여성들도 있지만 모두 그럴 수 있는 것은 아니다. 지영의 상황에서는 불가능했다. 시모는 멀리 살고, 친모는 자영업으로 바쁘고, 보모는 아직 구해지지 않았다. 그런 일에 대해 미리 대비하지 못한 점이 아쉽지만, 이왕 그렇게 되었다면 단기적으로나마 최고의 엄마, 최상의 아내가 되겠다는 쪽으로 목표를 수정하는 게 낫지 않았을까. 보도 자료를 잘 쓰는 지영도 좋지만, 가정을 현명하게 꾸려가는 지영도 훌륭하다.

나는 어느 곳에서든 주최자 측에 서보는 것이 좋다고 믿는다. 주최자 측의 입장이 되어야 조직이 어떻게 굴러가며 이 희생이 어떤 의미와 가치가 있는지 확인할 수 있다. 가정에서는 특히 엄마이자 아내가 주최자 측이다. 아내란 자리는 그 가정의 문화, 건강, 교육, 경제, 미래까지 총괄할 수 있는 위치이기 때문이다. 당장은 희생으로 보이는 일도 자신이 의미와 가치를 부여할 수 있다면, 전혀 달라진다. 피할 수 없는 희생이라면, 그 가치를 아주 높게 매기도록 하자.

지나친 자기애

진짜 사랑은
요란하지 않아요

언제부터인가 자기 '자신을 사랑하라'는 말이 현대인의 필수 덕목이 되었다. 다른 사람들의 눈치만 보면서 원하지 않는 양보와 배려를 강요당했던 사람들의 반란이라고나 할까. 그러나 그것의 실행이 그리 쉽지는 않았다.

나는 '자기 자신을 사랑하라'는 문장을 책에서 처음 봤을 때, '그래도 되나?' 하고 당황했었다. 그전까지는 늘 '네 이웃을 사랑하라'는 말뿐이었다. 사랑은 늘 밖으로, 즉 남을 향하는 것이라 여겼다. 그래서 남이 사랑을 주지 않으면 나는 무력하게 외로울 수밖에 없는 것이라고도 생각했다. 그게 아쉽고 서글퍼서 사랑이라는 단어가 그리 좋지 않았다. 부담스러운 의무 같았다. 그런데 그 사랑을 나에게 쏟아부어도 된다니 엄청난 해방감이었다. 다만 그 방법이 막막했다. 어떻게 하는 게 나를 사랑하는 일인지 알 수 없었다.

누군가는 자신을 자기 팔로 안으며 '사랑해'라고 속삭인다던데, 코미디 같았다. 자신에게 돈을 쓰는 것이 자신을 사랑하는 것이라는 사람도 있었지만, 그래봐야 내 돈이 없어지는 것인데 아까웠다. 실제로 나 자신을 사랑하고 있음을 증명하기 위해 백화점에서 빨간색 에나멜 가방을 사보았지만, 그야말로 '저 여자는 자신을 엄청나게 사랑하나 보다'의 느낌만 주는 것 같아서 들고 다닐 수가 없었다. 내가 자신을 올바르게 사랑하는 일이 어떤 것인지 깨닫고 실행하기까지는 10년도 넘게 걸린 것 같다.

그러나 요즘의 문제는 자신을 '너무' 사랑하는 사람들이 늘어났다는 것이다. 자신을 너무 사랑하는 일을 나는 '불타는 자기애'라고 표현해보겠다. 요즘은 불타는 자기애를 여기저기서 쉽게 볼 수 있다. 예전처럼 '자신을 사랑하세요'라는 계몽이 굳이 필요할까, 싶을 정도다. 다른 사람의 입장을 배려하거나 시선을 의식해서 참거나, 불편을 감수하는 일은 시대에 뒤떨어진 구태로 간주한다. 형제 없이 외동딸, 외동아들로 자라는 경우, 남의 눈치를 보거나 입장을 배려하는 법을 배우기 쉽지 않다지만 꼭 그런 가정환경에서 자기애가 비롯되는 것만도 아닌 것 같다.

'자신을 사랑하라'는 문구에 내가 꽂힌 지 벌써 10년이 넘었다면 다른 사람들도 마찬가지였을 것이다. 그들도 각자 나름대로 그 말을 소화했고, 일부에게는 그것이 불타는 자기애로 발현된 것이 아닐까.

불타는 자기애에는 이기주의, 안하무인, 무책임, 폭력성이 담겨 있다. 그리고 그 근원은 나르시시즘이다. 나르시시스트들에게 자기애는 그냥 가벼운 '자기 사랑'이 아니다. 생존과 연관된 절박한 것이다. 모든 상황에서 자신이 최고의 대우를 받아야 하고, 이겨야 하고, 화려하게 빛나야 한다.

어떤 모임에서 A라는 사람이 줄곧 나르시시스트의 행태를 보였다. 그녀는 자신이 지난 일주일간 무엇을 하면서 지냈고, 어떤 감정을 느꼈고, 때론 어떤 부당한 일을 겪었는지 낱낱이 늘어놓곤 했다. 마치 아이가 처음 학교에 다녀와서 엄마에게 그날 일을 미주알고주알 모두 이야기하는 것처럼. 처음엔 그것이 솔직함과 섬세함이라고 생각했다. 자신의 지나간 기분(나는 바로 어제 일도 기억 못 하는데)까지 일일이 남에게 이야기하는 사람은 흔치 않았으니까. 그러나 얼마 지나지 않아 그녀의 관심사는 그만큼 자기 자신에게만 집중되어 있고, 남들의 일은 하나도 중요하지 않다는 것을 파악하게 되었다.

한편, B라는 사람은 남들의 배려나 선물, 인정을 꼬박꼬박 받기만 했다. 남들에게 받는 일이 너무 당연해서 받은 것에 대한 보상이나 감사는 전혀 생각지도 않는 것이 보였다. 자기 이외의 모든 사람이 자기보다 열등하다는 생각에서 그녀에게 그것은 아주 자연스러운 일이었다.

이런 것이 진정한 자기애로 가기까지의 과도적 현상이라면 다행이지만, 한 번 이런 행동을 시작한 사람들은 그것을 좀처럼 멈추기가 어렵다. 그동안 누려온 특별대우와 관심(어떤 의미에서든), 집중되던 시선을 포기하지 못한다. 다만 당장 이것에서 벗어나지는 못한다고 해도 진정한 자기애가 어떤 것인지는 알고 넘어가야 하지 않을까.

진정으로 자신을 사랑하는 사람은 아무 데서나 주목받고자 하지 않는다. 홀로 있어도 어색하지 않고 충만하다. 입에 발린 칭찬이나 찬사에 들뜨지 않는다. 반대로 누군가 자신을 무시하거나 의심해도 기죽지 않는다. 최후의 한 사람인 자신이 자신을 알기 때문이다.

진정으로 자신을 사랑하는 사람은 SNS에 올리지 않더라도 자신이나 가족을 위해 정성스럽게 요리한다. 부끄러웠던 일이나 슬

폈던 일을 오래 끌어안고 있지 않는다. 남들에게 보이는 외출복보다, 자신의 건강과 숙면에 직결되는 잠자리에 더 신경 쓴다. 아무리 힘든 상황에서도 조금은 나아질 내일을 자신에게 약속한다. 자신이 소중하니까 자신이 사랑하는 주변 사람도 모두 소중하다. 그들이 베푸는 모든 것에 진심으로 감사한다.

이렇듯 요란함을 벗어나, 은밀하고 위대하게, 자신을 제대로 사랑하는 것이 마흔부터 해야 할 일이다.

게으름

·

자꾸 느려지고 있다면
긴장하세요

스스로 게으른 사람이라고 생각해본 적이 없었다. 어릴 때부터 아침형 인간이었고 누군가가 깨울 때까지 잔 적도 없었다. 하고 싶은 일, 해야 할 일은 바로바로 해치우곤 했다. 미용실에 가야겠다 마음먹으면 바로 저녁에 갔다. 태극권을 배워보고 싶다고 말을 꺼냈으면 다음 날 시작했다. 테디베어가 재미있어 보인다고 한 뒤엔 불과 며칠 후 뚝딱 하나 만들어냈다. 몸을 움직이는 데 망설임이 없었다. 퇴근 후 동대문 야시장도 즐겨 갔다. 새로운 것은 다 시도해보았다. 그런 나를 보고 회사 동료는 "와, 뭐든지 한다고 하면 바로 하네요" 하며 놀라기도 했다.

그랬던 내게 몇 년 전부터 이상 징후가 나타났다. 일단 쇼핑하러 나가는 일이 예전에 비해 확연히 줄어들었다. 내게 쇼핑에는 걷기 운동의 의미가 내포되어 있었다. 오며 가며 버스나 지하철을 타고, 지하상가를 걷고, 거리를 오가며 잉여 에너지를 소비했다. 그런데 이제는 필요한 물건이 있어도 나가지 않는다. 일단 미룬다. 그러다가 더는 미룰 수 없을 때 인터넷 검색을 통해 클릭, 클릭해서 결제한다. 그냥 나가서 샀더라면 그날 손에 들어왔을 물건을 며칠 걸려서 받는다. 직접 본 게 아니니 맘에 안 들 때도 있고, 뜻밖의 하자를 발견하기도 한다. 그래도 인터넷 쇼핑을 멈추지 못한다.

그렇다. 나는 게을러졌다. 가끔은 나가볼까, 생각하기도 한다. 하지만 곧 고개를 젓는다. 차를 타고 이동하는 시간, 쇼핑하는 시간을 따져보며 한숨을 쉰다. 나는 시간이 아깝다고 중얼거린다. 사실은 몸을 움직이기 싫은 것이면서 말이다.

하긴 모든 문명은 인간이 더욱 게으를 수 있도록 배려하는 쪽으로 발전해왔다. 알아서 작동되는 로봇청소기가 나왔고, 운전자가 필요 없는 자율주행 자동차도 나왔다. '청소기가 알아서 청소해주면 안 될까' 하는 발상이나 '운전이 저절로 되었으면 좋겠다'는 발상은 분명히 나처럼 게으른 사람이 처음 했을 것이다. 나 같은 사람은 더 나아가 '그런 기계를 조작하는 일조차 남이 해주면 안 될까' 하는 망상까지 하고 있다. 그래서 걱정된다. 이러다가 미래에는 아무것도 안 하고 숨만 쉬며 살게 되는 건 아닌가 하고 말이다. 물론 그 손에 리모컨 정도는 들려 있겠지만 말이다. 대부분의 나쁜 습관이 그렇듯, 게으름도 한번 익숙해지면 빠져나오기가 정말 어렵다.

게으름의 해악은 제일 먼저 신체적으로 온다. 몸무게가 늘고, 혈액순환이 느려지고, 활기가 사라진다. 몸이 무거워지면서 한 달 전까지는 무리 없이 오가던 거리가 하루하루 지날수록 '너무 먼 거리'로 느껴진다. 내가 이유 없이 왕래를 끊은 가게들은 단순히 먼 거리 때문이라고 보면 된다. 점점 더 몸의 사용이 힘겹다. 다른 측면의 해악을 따지기 전에 이 신체적 열등감만으로도 게으름은 위험한 것이 아닐 수 없다.

에너지 활용을 위해 운동을 하려 해도 요가를 하면 어지럽고, 등산은 지루했다. 호기심도 많이 수그러들었다. 삐에로쇼핑 같은 곳, 예전 같으면 제일 먼저 구경했을 텐데 매출 부진으로 2년 만에 폐점할 때까지 한 번도 가보지 못했다. 달걀을 떨어뜨렸다는 샌드위치나 엄마가 손을 댔다는 햄버거, 소금 맛이 난다는 아이스크림, 하늘색 병의 커피가 범람해도 몇 년째 맛을 보지 못했다. 그저 귀찮았다. 그냥 가장 가까운 곳, 줄 서지 않아도 되는 곳으로 적당히 타협했다.

나는 이 모든 게으름의 창궐이 나이 탓이라고 생각했다. 예전엔 그러지 않았는데 나이 들어 변했으니 당연히 나이 탓이 아닌가? 그러다가 최근에야 다른 40, 50대는 나처럼 그렇게 살지 않는다는 것을 발견했다. 주 3회 국선도를 하는 분, 매일 아파트 20층을 오르내리는 분, 아침저녁으로 에어로빅을 하는 분, 마을버스 탈 거리라면 그냥 걷는 분, 해마다 새로운 것을 시작하거나 배우는 분…. 나이를 핑계로 게으르게 사는 사람은 내가 유일했다. 그러고 보니 이 장을 쓰고 있는 이 순간의 나 자신이 가장 초라하고 무력한 것 같다.

어쨌든 '좀 더 편하게 살아도 되잖아' 하는 유혹은 앞으로 더 자주 다가올 것이다. 조금만 신경을 쓰고 머리를 쓰면 뭐든지 쉽게 얻을 수 있고, 손가락 하나로 해결되는 세상이니 말이다. 하지만 그렇게 해서 남긴 시간에 내가 과연 무엇을 했고 또 무엇을 할 계획인지 종종 돌아봐야 할 것이다.

그나마 나의 기상 시간은 언제나 일정하다. 아침을 잠으로 낭비하기 싫어하는 이 습관을 바탕으로 나는 다시 게으름을 정복해볼 계획이다. 건강한 사람들은 모두 자기만의 루틴이 있다고 한다. 나도 나만의 루틴을 만들고 지켜나가야겠다. 비록 지금은 게으름과 가깝다고 해도 이 친구와 계속 같이 가고 싶진 않다. 혹시라도 나처럼 나이를 먹어가며 점점 게을러지는 습관이 생겼다면 당신도 빨리 고삐를 잡기 바란다.

forty comes to anyone

PART 6

어차피 내 것이
아닌 것들

나를 오해하거나 비난하는 시선과 판단, 어쩔 수 없이 엇나가는 인연들, 억지로 움켜쥐려 애써도 손안에서 빠져나가는 것들은 편안히 놓아준다. 어차피 내 것이 아닌 것들에 미련을 가질 필요는 없다. 진짜 내 것은 언제라도 내게 돌아온다. 당당하고 성숙한 마흔으로서 새로 정비하고 새로 시작하자.

forty comes to anyone

지나친 솔직함

●

**진짜 속내는
그냥 넣어두세요**

처음 이 장의 제목은 '거짓이나 가식'이었다. 하지만 장고 끝에 나는 정반대로 제목을 바꾸기로 했다. 비록 나 역시 거짓이나 가식이 싫긴 하지만, 인간이 거짓말을 하거나 거짓 행동을 하는 것을 막을 방법이란 없다고 본다. 거짓말과 거짓 행동을 완전히 배제하고도 인간 사회가 유지될 수 있을까? 때로는 선의의 거짓과 선의의 가식이 우리의 평화를 지켜주는 것이 사실이다. 오히려 문제가 되는 것은 순수라는 이름으로 포장된 '지나친 솔직함'이다. 문명사회에서 그것은 완전한 나체로 거리를 활보하는 것만큼이나 민망하고 불편한 일이 될 수 있다.

짐 캐리의 영화 〈라이어 라이어〉와 2020년 개봉했던 한국 영화 〈정직한 후보〉에서는 거짓말에 능숙한 직종이라고 할 수 있는 변호사와 정치인이 매사 솔직해짐으로써 일어나는 불상사(?)에 대해 그린 코미디다. 정직함은 선이지만, 지나치면 곧 칼이다.

스스로 '나는 솔직한 사람'이라고 자칭하는 사람들이 있다. 그런데 대부분 그런 사람들은 해도 되는 말과 참아야 하는 말의 경계를 파악하지 못한다. 특히 상대방의 단점이나 실수를 지적하는 것에 유독 솔직하다.

"머리가 그게 뭐니? 10년은 더 늙어 보인다."

사실이 그렇다고 해도 보통은 속으로만 생각하지 않나. 공통으로 아는 지인과의 불편한 관계를 고백하면 이렇게 대꾸한다.

"나하고 싸운 건 아니니까. 그건 너의 문제고, 나하고는 상관없어."

명백한 사실이긴 한데, 너무 명백해서 상처가 된다. 상대가 쓴 글이나 작품을 읽고 나서는 이런 평을 한다.

"글쎄 좀 별로야. 소재는 진부하고, 결론은 아쉬워. 솔직한 의견이니까 괜찮지?"

세상이 불친절하고 삭막하다는 것을 군이 지인의 입을 통해 되새겨야 하는지는 나도 잘 모르겠다. 다른 이들에게는 이렇게 부정적으로 솔직하면서 동시에 자기 일에 대해서도 중계방송을 한다.

아침부터 밤까지, 모든 일과와 사고 변천사를 낱낱이 토로한다. 물론 부끄러운 일이나 잘못된 행동까지 거르는 것이 없다. '그건 좀 자신에게도 마이너스가 되는 것일 텐데?' 하는 걱정은 듣는 사람의 몫이다. 머릿속에 있는 모든 것을 꺼내놓는 것에 거의 강박이 있어 보인다. 심지어 어린 자녀에게 어른들 사이의 불쾌한 사건을 낱낱이 들려주기도 한다. 이런 사람들에게는 이 여성, 비비안 마이어의 삶을 소개해주고 싶다.

2007년 역사학자 존 말루프는 시카고 풍경을 담은 사진 자료를 구하러 경매장에 갔다가 필름 15만 장이 담긴 상자들을 구입했고, 그 필름을 현상해보고는 깜짝 놀란다. 그 안에는 어느 예술가의 날카로운 시선으로 찍어낸 풍경이 담겨 있었다. 그 사진을 찍은 사람은 유모로 일하면서도, 평생 카메라를 목에 걸고 다니며 사진을 찍었던 비비안 마이어라는 여성이었다. 그러나 그녀는 한 번도 주변 사람들에게 '저 사진 찍어요, 전문 사진가라고나 할까요'라는 말을 하지 않았다. 주인집에 함께 살 때도 그녀의 방안에 필름이 가득했던 것은 비밀이었다. 그녀는 자신의 작품에 자부심이 있었지만, 굳이 전시회를 꿈꾸지도 않았다. 그녀는 철저히 은밀한 삶을 살았다. 그녀가 사진가로 사는 삶은 오롯이 그녀 자신의 만족을 위한 것이었다. 다른 이유가 있었다고 한들 그것은 아무도 알 수가 없다.

이렇게 자기의 모든 것을 비밀에 부치는 삶은 너무 극단적일지도 모른다. 그러나 자신의 일거수일투족을 지나치게 드러내는 사람들이 너무 많은 요즘, 그녀의 선택에 대해 한번 생각해보는 것은 어떨까 싶다. 그 비밀스러운 삶이 얼마나 오래도록 향기와 빛을 뿜어내는지.

살다 보면 사랑하는 가족과 배우자에게도 굳이 보일 필요가 없는 자신의 모습이 있다. 오해를 불러일으킬 수도 있고, 실망하게 할 수도 있고, 믿음이 흔들리게 될 수도 있다면 조용히 감추는 게 낫다. 자신의 모든 것을 기어이 표현해야겠다면 차라리 일기장을 펼쳐라. 일기장에 다 쏟아내고 먼 미래의 자신에게 보여주는 편이 낫다. 막상 일기장 앞에서는 망설여질 수도 있다. 이걸 써도 될까? 이건 좀 심하지 않을까? 나중에 후회하지 않을까? 그렇게 홀로 마주한 자신의 알몸이 부끄럽다면 그동안 그걸 강제로 보거나 들은 제삼자들은 어땠겠는가. 솔직함이 선으로 유지되려면 정도를 지키는 예의와 자기 통제가 함께여야 한다. 제발 무례함을 솔직함과 동격으로 취급하지 않았으면 한다.

인정욕구

●

아무것도 아니면
어떤가요

내가 고등학생이던 시절, 담당 과목인 한문보다 동양철학 얘기를 더 많이 들려주셨던 선생님은 이렇게 말씀하셨다. '지금은 노자, 장자가 흥미로울지 몰라도 마흔 넘어서는 공자에게로 돌아갈 것'이라고.

재미난 우화 같던 노자, 장자에게 마음이 빠져 있던 그때 내게 선생님의 그 말씀은 썩 와닿지 않았다. 배우고 때로 익히면 기쁘지 아니한가. 벗이 있어 멀리에서부터 오니 즐겁지 아니한가. 남이 알아주지 아니해도 노여워하지 않으면, 또한 군자가 아니겠는가.

위대한 성인께서 세상의 기쁘고 즐거운 일로 제시한 이런 예는 모두 시시하고 밋밋했다. 특히 낯설었던 것은 세 번째였다. 남이 나를 알아주지 않는다고 노여워하다니? 자기중심적인 사고에 빠져 있던 때, 이런 이야기는 잘 이해되지 않았다. 남이 나를 알아주는 일을 간단히 '인정욕구'로 바꾸면 좀 더 쉬웠을지도 모르겠다.

그런데 마흔을 넘긴 후 논어 〈학이편〉을 보니 이젠 정말 다르게 보인다. 배우고 때로 익히는 일은 즐거운 일이 맞았다. 한창 공부해야 할 때는 몰랐다. 물론 입시 위주로 해야 하는 공부는 힘들고 어렵다. 하지만 자신이 좋아하는 분야를 파고들어 나날이 깊어지는 자신을 발견하게 된다면 그보다 더 충만한 기쁨은 없을 것이다. 아울러 벗이 있어 외국에서부터 오는 일을 겪어보니 그것 역시 눈물 나게 고맙고 기쁜 일이었다. 친구를 위해 일상을 접고, 따뜻한 마음을 품고 달려와주는 일을 어찌 가볍게 여길 수 있을까. 공자는 사회 안에서 살아가는 사람들에게 꼭 필요한 말을 해준 것이었다.

무엇보다 남이 나를 알아주지 않으면 나 역시 노여워진다는 것을 깨달았다. 언제부터인가 나는 작은 관심과 배려 하나하나에 일희일비하고 있었다. 다른 사람들도 대부분 그렇다는 것이 이제 눈에 보인다. 어떤 식으로 포장을 하더라도 사람들은 그것 때문에 서운해하고 그것 때문에 상처받는다. 공자가 이 문장을 가장 중요한 위치에 놓은 데 이유가 있었다. 인정욕구를 이겨내기란 정말 어렵다. 사람들은 남이 자신을 알아주길 정말 바란다. 매 순간, 아주 간절히 인정받고 싶어 한다. 나이가 들수록 남들의 주목을 받을 일이 줄어들면서 역으로 그 욕구는 커진다. 노인들의 커뮤니티 안에서 인정욕구 때문에 일어나는 분쟁이 얼마나 많은지 얘기를 들어보면 깜짝 놀랄 지경이다.

주변을 돌아봐도 그렇다. 소수의 사람만 모여도, 심지어 엘리베이터라는 작은 공간에서조차 자신이 얼마나 대단한 사람인지, 자식이 얼마나 좋은 대학에 들어갔는지 자랑해야 속이 시원하다. SNS에 계속 새로운 사진과 글을 올리며 '좋아요'를 몇 개 받았는지 숫자를 세고, 그 수치를 인간관계의 성적표로 여겨 스트레스를 받는다. 점잖게 차려입고도 식당에서 옆 테이블과 조금이라도 다른 서비스를 받으면 소리높여 화를 낸다.

거리를 두고 보면 너무나도 낯뜨거운 모습들이다. 어린 시절 부모의 보살핌이 간절했던 때 충족되지 못한 욕구를 성인이 되어서까지 발휘하고 있는 것처럼 보인다. 이렇게 인정욕구에 휘둘리며 산다는 것은 자기 마음의 방을 밝히는 조광기調光機를 남에게 맡긴 것과 같다. 남들이 밝히고 남들이 어둡게 한다. 내 마음인데도 말이다.

사실 나 역시 책을 내고 난 뒤엔 그 반응에 온갖 촉각을 세우고 있다가 조금이라도 부정적인 평가를 듣게 되면 마음이 어두워지곤 했다. 남이 나를 알아주지 않는 것에 대해 분노가 쌓여서 괴로워한 적도 있었다.

하지만 고민을 끝내기 위한 노력을 하던 중, 얼굴도 모르는 타인들의 평가가 내 감정을 좌지우지하고 있다는 것은 말이 되지 않는 일이라고 한순간 자각하게 되었다. 그들의 평가가 절대적인가? 그렇지 않다. 오늘 바뀌고, 내일 바뀐다. 그들의 인정을 받아야만 하는가? 역시 그렇지 않다. 다만 내가 나를 돌아봤을 때 최선을 다했고, 부끄럽지 않다면 그것으로 된 것이다. 타인의 보살핌이 절대적으로 필요한 시기를 벗어났다면, 인정욕구는 이제 내려놓아도 좋다.

누구나 인정을 받으면 그렇지 않은 때보다 잠깐 기분은 나아진다. 하지만 인정받기 전이나 받은 후나, 현실적으로 달라지는 것은 없다. 그리고 마흔이 넘도록 타인의 칭찬에 휘둘린다면 의외로 많은 에너지를 낭비하게 된다. 좋은 소리를 들어도 담담하면, 욕을 들어도 담담해진다. 더 나아가 '그래, 난 아무것도 아니지'라고 중얼거릴 수 있는 자세가 삶의 균형을 잡아줄 것이다. 그런 진짜의 삶을 살아야 한다.

자기 비하

•

당신에게 자기 자비는
의무예요

"나는 왜 이러지?"

"아, 또 실수했어. 난 정말 안돼."

과도한 자신감에 똘똘 뭉친 사람 못지않게 이렇게 자신을 탓하기만 하는 사람도 간혹 본다.

"내가 그때 그렇게 하는 게 아니었는데. 역시 나는 바보야."

"미쳤어, 미쳤어. 난 죽어야 해."

자신이 명백하게 잘못해서 애인이 떠나갔다면, 혹은 술을 먹고 하지 말아야 할 행동을 했다면 반성과 성찰이 필요하다. 곁에서 위로와 격려도 건넬 수 있다. 뻔뻔하게 아무것도 뉘우치지 않는 것보다는 나으니까.

문제는 이게 너무 자주 반복된다는 것이다. 어쩌다 접촉사고를 냈다거나, 휴대폰을 잃어버렸다거나, 순간적으로 감정을 참지 못했다는 것 정도는 있을 수 있는 일인데 자신만이 하는 실수인 듯 과장하기도 한다. 내가 존경하고 흠모하는 사람이 이런 식이면 실망스럽다. 지나치게 자주 이런 말을 듣는 주변 사람은 지친다. 어쩌란 말이야. 위로와 격려를 보내는 데도 한계가 있다. 결국에는 입을 다문 채 무언의 긍정을 한다든가, 그야말로 가벼운 한숨으로 응수하게 된다. 좀 더 격한 사람은 '그래, 네가 그렇지, 뭐' 할지도 모른다.

우리나라에서 여성은 더욱더 자기 비난과 자기 비하에 익숙하다. 부모가 차별하며 키운 것은 자신이 부족해서 그런 것이고, 성희롱을 당한 것은 자신의 노출이 심했기 때문이고, 애인과 헤어져도 자신이 못나서 그런 것이라고 받아들이는 인식이 아직 남아있다. 심지어 자신을 하대하는 것은 물론 데이트폭력까지 저지르는 남자를 끊지 못해 질질 끌려가는 여자도 적지 않다. 여성의 나체를 사진 찍거나 동영상으로 협박하는 등, 상대 남자들의 방법이 치졸하고 비열해진 탓도 있다.

하지만 그럴수록 여자도 담대하고 영리하게 자신의 삶을 지켜내는 길을 모색해야 하지 않을까. 순간의 실수를 평생 짊어지고 살 수는 없지 않은가. 스스로 분리해서 '나는 이런 난처한 상황에 처한 나라는 사람을 잘 관리해서 앞으로도 건강히 살아가게 할 의무가 있다'고 생각해보는 것이다.

그동안 우리는 자존감self-esteem을 갖추는 일에 몰두해왔지만 이와 더불어 갖춰야 할 것은 자기 자비self-compassion다. 자기 자비는 실수했거나 실패했을 때 스스로 너그러이 이해하고 받아들이는 것을 의미한다.

한때 우리 사회에서 '괜찮아'라는 단어가 널리 퍼진 적이 있다. '틀려도 괜찮아' '늦어도 괜찮아' '혼자도 괜찮아' 그것이 가장 듣고 싶은 말인데, 역으로 현실에서는 가장 듣기 힘든 말이었기 때문이었을 것이다.

나는 너무 힘든데 옆에서 아무도 괜찮다고 말해주지 않는다. 오히려 '큰일이네' '너 이제 어떡할래?' 같은 말로 부담을 더 지운다. 자기에게 너그럽지 못한 사람일수록 남에게도 너그럽지 못해서 말로, 행동으로 닦달하곤 한다. 우리 사회가 특히 그렇다. 성인이 되는 순간, 경제활동도 해야 하고, 연애도 해야 하고, 부모에게 효도도 해야 하고, 외모 관리도 해야 하는데 어느 한 가지라도 미흡하면 바로 주변에서 화살이 날아온다. 애정과 관심이라는 포장을 한 채로 말이다.

마흔은 개인으로서 어느 정도 자기완성과 독립성을 갖춘 나이다. 그런데도 아직 이루지 못한 것이 있다면 스스로 불안에 시달린다. 아직 싱글이라면 결혼을 해야 할지, 언제 누구와 해야 할지 고민에 휩싸인다. 결혼을 해도 끝이 아니다. 아이를 낳을 것인지, 낳으면 언제 낳을 것인지, 아이를 낳은 뒤에는 내가 좋은 부모인지 아닌지 스스로 잣대를 들이댄다. 그토록 오래 허공을 돌아다녔던 '괜찮아, 괜찮아'라는 말을 자기 삶에서 마주치기란 정말 어렵다.

　어쩔 수 없다. 내가 먼저 자신에게 자비를 베푸는 것으로 시작해야 한다. 엄마, 형제, 친구가 절대로 해주지 않는 말 '괜찮아, 괜찮아'를 자신에게 아낌없이 베푸는 것이다.

　사랑하는 나 자신아, 마흔까지 쉼 없이 달려오느라 정말 수고했어. 그동안 실연도 여러 번 당했고, 못된 상사 만나서 고생도 했는데 어쩜 이렇게 올곧은 마음과 건강한 정신을 유지하고 있는 거니? 넌 정말 괜찮은 사람이구나! 인정해. 요즘 살이 좀 쪘다고? 그럴 수 있지. 그게 뭐 중요해. 내일부터 운동하고 조금 덜 먹으면 되지. 결혼이 늦어질 것 같아 걱정이라고? 안 하면 어때. 너만 행복하면 그만이지. 육아도 힘들 것 같다고? 너는 이미 좋은 사람인데 뭘 더 욕심내? 너처럼 살아가는 것도 훌륭해.

마흔이 되었다면 이제 자기 비하는 그만두고 자기 자비로 넘어가자. 내 실수를 내가 너그러이 받아들일 수 있을 때, 타인에 대한 자비도 가능해진다.

걱정

•

걱정한다고
달라지지는 않아요

마흔이라는 나이가 당황스러운 것은 딱히 달라지는 것이 없다는 거다. 무려 앞자리 수가 바뀌었지만 서른아홉과 마흔은 당장에 큰 차이가 없다. 마흔 기념으로 승진한다거나, 가족이 늘어난다거나 하는 이벤트도 없다. 모든 것이 똑같다. 좋아하던 햄버거나 피자는 여전히 맛있고, 즐겨듣던 힙합 음악도 아직 플레이리스트에 가득하다.

자신이 마흔이라는 것은 오직 자기만 알고 있는 속옷 색깔과도 같다. 애써 뭔가 달라진 게 없는지 찾으려고 하지만 쉽지 않다. 흰머리? 주름? 관절의 삐걱거림? 노안? 그런 건 사람에 따라 다르다. 40대 중반 이후나 되어서야 신체적 변화까지 확연하다.

어린 시절엔 누군가 마흔을 넘겼다고 하면 왠지 늙수그레한 얼굴, 약간 구부정한 허리, 세상 모든 진리를 깨달은 듯이 조언을 남발하는 이미지를 떠올렸다. 학교 선생님들 대부분이 그 나이였기 때문이다. 그런데 내가 막상 마흔이라는 나이에 이르고 보니 그렇지 않았다. 철없고, 유치한 내가 마흔이라니, 내가 왜? 그러한 자신이 전혀 믿어지지 않아서 당황하는 사람들이 요즘은 더 많은 것 같다.

그러나 확실한 깨달음 하나는 모두가 갖게 된다. 정신없이 바쁘게 뛰어다니느라 까맣게 잊고 있었어도 시간은 흐르고 있었다는 것이다. 그 시간이 지금도 돌이킬 수 없는 방향으로 병정처럼 뚜벅뚜벅 걸어가고 있다. 그것을 체감하는 순간, 살짝 소름이 돋는다. 이런 식으로 또 오십이 되고, 육십이 되겠구나. 인생은 처음부터 끝까지 시간의 게임이었다.

동안이라 아무도 자신을 제 나이로 보지 않는다던 사람들은 문득 두려워진다. 마흔을 넘기고서도 이 외모를 유지할 수 있을까? 아직 결혼하지 않은 사람들도 긴장한다. 결혼을 더 늦추어도 되는 걸까? 지금은 너무 편하고 좋지만 이대로 지내다가 혼자 노후를 맞이해도 후회하지 않을 자신이 있을까? 서른까지는 그래도 성장하고 발전하는 느낌이 있었다. 하지만 마흔부터는 왠지 그런 단어가 어울리지 않는 것 같다. 그리고 슬슬 가지 않은 미래에 대해 이런저런 걱정이 밀려온다.

그래서였을까, 내가 가장 열심히 놀고, 가장 열심히 일했던 시기는 마흔 초반이었다. 시간이란 게 이렇게 무서운 것이라는 절박감에 무엇이든 다 해보고 싶었다. 이때 운전을 시작했고, 해외여행을 다녔고, 다양한 사람들과 교류했다. 그러나 하고 싶다고 해서 다 할 수 있는 건 아니었다. 내게 있어 특히 그것은 아이에 대한 문제였다.

마흔 초반 전까지만 해도 내 인생에 자녀에 대한 계획은 전혀 없었다. '나 때문에 불행한 생명이 태어나면 어떡하지?' 사춘기 때부터 시작된 나의 걱정 어린 신념이었다. 이 세상에 태어나는 게 다 행복은 아니라고 믿었기에 한 생명을 걸고 복불복을 시도하고 싶지 않았다. 나의 첫 결혼에서도 아이는 전혀 생각하지 않았다. 흔히 말하는 딩크였다. 이혼 후에는 더욱 그랬다. 혼자서 정자은행을 통해 아이를 갖는 사람이 있다고 들었지만 내게는 그렇게까지 할 이유도, 용기도 없었다. 그런데 마흔을 넘기게 되자 문득 '이러다 영영 아이를 못 낳으면 어떡하지?' 하는 마음이 생겨났다. 아마도 마흔 초반이 출산의 마지노선이라고 여겨졌기 때문이었을 것이다.

뜬금없이 놀이터에서 놀고 있는 아이들이 예뻐 보였다. 엘리베이터에서 마주치는 아이들의 순백색 피부, 말간 눈동자를 보면 가슴이 설렜다. 그전까지는 아이들을 봐도 아무 느낌이 없었고 오히려 귀찮아하던 나였는데 말이다. 마흔에 아이를 낳았다는 사람들을 찾아보았고, 그보다 더 많은 나이의 산모가 아이를 낳았다는 뉴스를 보면서 희망을 품기도 했다. 하지만 사실 나는 알고 있었다. 내게 아이와는 인연이 없음을. 노산을 가능하게 하려면 신체도 건강하게 단련되어 있어야 했고, 무엇보다 아이의 아버지가 있어야 했는데 내게는 둘 다 없었다. 약했던 몸은 더 약해졌고, 결혼은 요원했다.

나는 그냥 현실을 받아들이기로 했다. '나 때문에 불행한 생명이 태어나면 어떡하지?' 하던 걱정은 한동안 '이러다 영영 아이를 못 낳으면 어떡하지?'로 바뀌었으나 결국 좀 더 오래된 걱정이 이긴 셈이다.

당장 마흔이 되었다고 삶이 바뀌지는 않는다. 그러나 시간이 이렇게 무섭다는 것이 실감되면서 서둘러야 할 것과 포기해야 할 것이 보인다. 온갖 걱정이 훅 밀려온다. 민첩하게 움직이면 이 모든 걱정을 없앨 수 있을 것처럼 보인다. 하지만 마흔이라는 나이 때문에 급하게 모든 것에 다 욕심을 부리는 것은 부질없다. 어차피 안 될 일은 안 된다. 마음을 비우고 자기 삶의 방식을 확고하게 하는 계기로 삼는 게 낫다. 저런 삶도 있지만 이런 삶도 있다는 자신감을 바탕으로 말이다. 삶은 정말 다양하고 그 무엇도 정답은 아니니 말이다.

무기력

•

딱 한 시간만
더 견뎌봐요

봄이면 늘 반복되는 증상이 있다. 꽃가루 알레르기에서 오는 잔기침과 비염, 그와 함께 딸려오는 무기력이다. 게으름이 '몸도 아끼고 시간도 아끼려는 잔머리'라면, 무기력은 그야말로 아무것도 할 수 없을 정도로 의욕을 잃는 증상이다. 깨어 있지만 꿈을 꾸는 것 같고, 그렇다고 기분이 좋지도 않다. 기침과 콧물의 공격을 번갈아 받으니 만사 귀찮아져서 하늘만 멍하니 본다. 그렇게 힘들게 봄을 보내다가 여름이 오면 그제야 '앗, 뜨거워' 하며 정신을 차리고, 마침내 시원한 가을에 최고의 컨디션을 찾는 게 어김없는 나의 한 해 사이클이다.

무기력이 나처럼 계절 증상으로 찾아오는 경우라면 그러려니

하고 넘기면 된다. 그런데 빈번히 무기력에 빠지게 된다면, 그리고 생활에 지장을 일으킬 정도라면 그 이유와 해결책을 생각해봐야 할 것이다.

우선 직장 문제 때문에 무기력해지는 경우다. 당장 그만둘 수는 없는데, 다니는 내내 스트레스가 쌓여간다. 흔히 직장은 직장일 뿐이니 인간적인 배려나 친목은 기대하지 말라고 한다. 하지만 그렇게 마음을 꽁꽁 닫아둔 채 일만 하고 돈을 버는 것은 비인간적인 일이다. 그래서 이렇게 저렇게 노력을 해본다. 자주 보는 동료나 일을 배워야 하는 상사와는 친근한 관계를 맺는 게 나을 것 같아서다. 그런데 서로 코드가 맞지 않거나, 스타일이 다르거나, 가치관 자체에 거리가 있다면 그러한 노력이 역효과를 빚는다.

"왜 그래, 김 대리? 뭘 그리 오버해?"

"그냥 가세요. 제가 알아서 할게요."

영화 〈공공의 적〉에서 살인마는 이런 말을 했다. '사람이 사람 죽이는 데 무슨 이유가 있는가'라고. 이 말은 너무 잔인하고 정도가 지나쳐서 그리 와닿지 않는다. 그런데 이 말을 '사람이 사람 싫어하는 데 이유가 있는가'로 바꾸면 차라리 현실적이다.

사람은 별 이유 없이 다른 사람을 싫어하기도 한다. 그러니 싫은 사람이 잘 보이려고 노력하면 더 끔찍해한다. 그렇게 자신의 노력과 달리 자신을 계속 경계하고 불편해하는 사람들 속에서 무기력해지지 않을 방법은 없다. 직장 내 왕따나 학대가 무서운 것은 이런 식으로 사람을 무기력하게 만들어 마침내 다른 출구를 생각하지 못 하게 한다는 것이다. 즉 부서를 옮기거나, 직장을 옮기거나, 쉬어가겠다는 생각으로 그 환경을 떠나면 되는데 그러지를 못한다. 계속 압박을 받다가 결국 극단적인 선택까지 하게 되는 것이다.

결혼 문제 때문에 무기력해지기도 한다. 특히 마흔 전후가 되어 결혼을 꼭 하고 싶은 조바심에 소개팅도 하고 맞선도 보지만 인연을 도통 만날 수가 없다. 내가 좋으면 상대가 날 싫어하고, 내가 싫으면 상대가 나를 좋다고 한다. 만나는 횟수가 늘어날수록 피로감도 늘어난다. 소개받는 자리에 앉는 순간, 벌써 이 만남의 끝이 보이기도 한다. 주변을 보면 결혼한 사람투성이인데 다들 어떻게 제 짝을 만난 건지 그 방법이 궁금해 죽을 지경이다. 차라리 시험제도라도 있어 결혼시험을 보고 합격하면 나라에서 정해진 짝을 점지해주면 좋겠다는 생각이 든다.

"도대체 저 사람이 내 짝인지 어떻게 알아요?"

미혼들이 가장 많이 하는 질문이다. 그냥 좋은 것과 결혼할 만큼 좋은 것의 차이를 알지 못한다.

그 밖에도 아무리 아끼고 저축해도 늘 그 형편에서 벗어나지 못하는 경제적인 문제, 용서하고 이해하려고 해도 갈등이 반복되는 가족과의 문제, 온갖 방법을 동원해도 낫지 않는 각종 신체적 질환의 문제 등 이 모든 것이 합쳐지면 자기 삶 자체를 감당하기 힘들어진다. 이러한 무기력에서 헤어날 수 있는 방법은 뭘까?

내가 깨달은 것은 아주 작은 것이다. 즉 '나는 한 시간 뒤의 일을 알지 못한다'는 자각이다. 어릴 때의 나는 종종 앞일을 예측하기도 했고, 예지몽도 꾸었다. 나이가 들면서 그런 능력이 사라졌다. 서운할 정도로 예지력은 먹통이 되었다. 하지만 덕분에 뜻밖의 기쁨이라는 것을 알게 되었다. 아무런 기대도 하지 않았는데 좋은 소식이 오기도 하고, 거의 포기한 일에 다른 방법이 생기기도 한다. 그리하여 지금은 무기력하고, 앞이 안 보여도 문득 반전될 가능성이 있다는 것을 믿게 되었다. 내가 모르고 있을 뿐인 거라고 말이다.

직장이든, 결혼이든, 돈이든 문제가 해결되거나 전환되는 데는 한순간으로도 충분하다. 그 작은 희망으로 견디는 것이다. 밖에서 기회가 오지 않는다면, 안에서 결단의 동력이 솟구치기도 한다. 단, 그럴 수 있도록 자신의 몸과 마음을 항상 준비해두어야 한다.

비록 지금은 답답한 상황이라고 해도 시간은 계속 흐른다. 스스로 변화의 기류에 탑승한다면, 한순간 전혀 다른 상황이 펼쳐지는 걸 볼 수 있다. 누가 그렇지 않다고 장담할 수 있는가. 물극필반物極必反이다. 어떤 무기력한 상황에도 반드시 끝이 있다는 것, 그리고 그것이 그리 멀지 않다는 믿음을 놓지 않기를 바란다.

젊음에 대한 집착

·

오드리 헵번도
피하지 못했어요

온 국민이 다른 그 어느 때보다 경제에 관심을 집중했던 그 시절, 나는 유난스러웠던 변화 하나를 발견했다. 매주 오가던 지하철역을 성형외과 광고판이 모두 점령하고 있었다. 얼핏 보면 사람인지 인형인지 모를 얼굴들이 광고판 안에서 웃고 있었다. 쇼핑할 게 있어 다른 역에 내려봐도 마찬가지였다. 성형외과 광고가 아니라 책 광고, 과자 광고라고 해도 그 정도로 도배되었다면 이상하고 부당하다는 느낌이 들었을 것이다.

TV에서는 너도나도 여기를 고쳤다, 저기를 고쳤다 하며 성형 고백을 해댔다. 사람들은 외모 관리가 돈이 되고 가치가 된다는 사실을 다 알고 있었는데 나 혼자 시대의 변화를 뒤늦게 감지했었던 것인지도 모르겠다.

　그와 함께 동안이라는 말도 우리 사회에 유행되기 시작했다. 아무리 예뻐도 노숙해 보이면 감점되었다. 사람들은 모두 어려 보이고 싶어 했다. 이미 충분히 어린 사람조차 더 어려 보이고 싶어 해서 어이없기도 했다. 보톡스라는 이름의 근육 수축 주사제가 등장했고, 얼굴 가죽을 머리 뒤로 당긴다는 괴담 같은 시술에 대한 소문도 들었다.

　그렇게 사회 전체가 젊음과 외모의 가치를 높이 두는데 나 혼자 '난 그렇게 살지 않겠어!' 할 수는 없었다. 40대가 되면서부터는 더욱 세월을 역행하고 싶었고, 나이보다 어려 보인다는 말은 나도 듣고 싶었다. 다만 나는 좀 비과학적이었다. 병원에서 주사 맞고 가라고 하면 주사실로 가는 척하다가 도망쳐 나올 정도로 주사나 치료를 싫어했기에 병원의 도움을 받고 싶진 않았다. 나는 디팩 초프라라는 영성가의 '마음을 젊게 먹으면 늙지 않는다'는 식의 말에 의지했다. 주문처럼 저 문장을 되뇌며 스스로 암시를 걸었다.

　"나는 안 늙어. 아니, 젊어!"

　그러나 이 문장이 효력을 발휘했을 때는 어차피 40대 초반일 때, 잠깐이었다. 길을 지날 때면 언제나 '아줌마'나 '어머님'으로

불리게 되었다. 나는 암시에 걸린 눈으로 나를 보았지만, 타인들은 있는 그대로의 나를 보았다. 시간과 노화는 사람을 가리지 않았다. 결국 인간은 모두 늙어가는 것이다.

그런데 왜 우리는 노화를 두려워하고 노안을 거부하는 것일까? 젊음이 사라지는 것에 대한 경험이 없어서일 것이다. 노화라는 경험은 자기 인생에서 처음이라 다들 당황하는 것이다.

특별히 뭘 하지 않았어도 팽팽했던 피부가 갑자기 늘어지고, 잘 보이던 글씨가 침침해지고, 검었던 머리가 하얘지고, 똑같이 먹었는데 살이 찐다. 당연했던 것이 사라지고, 낯선 것이 등장한다. 과거에 '늙어본' 경험이 있었더라면 침착하게 대처할 텐데, 가뜩이나 에너지가 줄어가는 상황에서 맞이하는 이러한 변화는 두렵고 막막하다. 그래서 '왠지 나보다는 노화에 대해 많이 알 것 같은 전문가'인 의사를 자꾸 찾아가게 되는 것이다. 그러나 노화를 근본적으로 막는 뾰족한 묘안이나 방책은 그들에게도 없다.

언젠가 신사역 쪽에서 신호대기 중 바로 앞에서 길을 건너던 여성을 본 적이 있다. 핫팬츠에 민소매 티를 입은 그녀의 몸을 먼저 보았다. 피부가 울퉁불퉁해서 부자연스러웠다. 얼굴을 보았는데 눈코입이 각자 자기주장을 하고 있었다. 문외한인 나의 눈에도 많은 수술 끝에 탄생한 분 같았다. 안타까웠던 것은 옷차림을 비롯한 그런 노력에도 불구하고 그녀의 나이가 한눈에 짐작된다는 것이었다.

젊었을 때는 사실 매사에 미숙하고, 자신이 없고, 성급할 수밖에 없는 젊음에서 벗어나 '침착하고 성숙한 어른'으로서의 삶을 살고 싶어 한다. 그런데 그것은 정신적인 영역이고, 다들 외모에서는 젊음을 포기하기 싫어한다. 심지어 다른 사람의 외모에도 간섭한다. 조금이라도 제 나이로 보이는 연예인이 등장하면 '관리 안 하나 보다' '저러고 어떻게 방송에 나오지?'라며 혀를 찬다. 그런 사람들 앞에 흰머리 그대로 강경화 장관이 '짠' 하고 등장한 일은 참 신선한 본보기였다. 자연스럽게 나이 먹는 것은 부끄럽거나 한심한 일이 아니다. 사회 탓만 하면서 모두가 마냥 따라가서는 안 될 것이다.

마흔이 되면 앞으로 심화할 노화를 어떻게 맞이할 것인지 각자의 각오가 필요하다. 흰머리에 대해, 노안에 대해, 관절에 대해, 주름에 대해….

물론 내키지 않고 당황스러울 것이다. 불편하고 어색한 게 사실이니까. 서글퍼지기도 한다. 그러나 조금 다른 세계로 건너가는 일이라고 생각해보자. 일찍 건강을 위한 관리와 노력을 시작하면 그것이 닥쳐오는 시간을 많이 늦출 수 있다.

다만 어차피 떠나가는 외양의 젊음에 지나치게 연연하지 않도록 하자. 낮은 굽의 구두와 색색의 돋보기안경, 넉넉한 크기의 옷, 덜 자극적인 음식, 그만큼 느림과 여유와 자연스러움이 가득한 이 세계도 그리 나쁘지 않다. 이 세계를 자신에게 맞게 또 뒤를 따라올 후배들을 위해 더욱더 풍성하고 알차게 만드는 일은 오직 당신에게 달려 있다.

자기연민

●

충분히 애도하고
놓아주세요

태어나면서부터 어른이 되기까지 아무런 상처도 받지 않고, 행복하게만 살아온 사람이 과연 있을까? 제일 먼저 재벌가나 그에 버금가는 부잣집 자제들을 떠올려보지만, 글쎄. 뉴스를 보면 그들에게도 인간으로서 견디기 힘든 나름의 고통과 상처가 있음을 알게 된다. 좋은 환경에서 좋은 교육을 받고 자라 '딱히 아쉬울 게 없어 보였던' 후배와도 얘기하다 보면 '앗, 그런 일이 있었단 말인가?' 하며 놀라게 된다. 흔히 가정은 행복의 보금자리라고 하지만 고통과 상처의 산실인 경우도 적지 않다. 불안정한 상황이면 불안정해서, 안정적인 환경이면 또 그 이상을 원하는 가족의 욕심 때문에 누군가는 희생되곤 한다. 모두가 행복을 노래하고, 행복을 꿈꾸고, 행복을 추구하지만, 온전한 행복이 진짜 있는 것인지, 궁금할 때가 있다.

〈오즈의 마법사〉는 1939년도에 미국에서 제작된 영화로 '농장에서 살던 평범한 소녀 도로시가 회오리바람에 실려 마법의 나라 오즈에 다녀오는 이야기'다. 이 영화에서 주연인 도로시를 연기했던 배우는 10대 소녀 주디 갈란드였다. 나도 그랬지만, 영화를 본 사람들은 대부분 저렇게 예쁘고 노래 잘하는 소녀 배우라면 당연히 주변에서 사랑도 많이 받고 행복하게 잘 살았을 거라고 기대했을 것이다. 그런데 그게 아니었다.

최근 주디 갈란드의 인생을 영화화한 〈주디〉를 보았다. 언제나 살짝 통통했던 르네 젤위거가 주디의 말년 모습을 재연하기 위해 혹독한 다이어트로 완전히 다른 사람처럼 변신한 것이 놀라웠다. 그러나 더욱 놀라웠던 것은 주디 갈란드라는 배우의 실제 삶이었다.

〈오즈의 마법사〉라는 영화의 제작과정은 어린 소녀에게 가혹했다. 금식에 가까운 다이어트를 강요했고, 잠잘 시간도 주지 않으며 강행군했다. 제발 쉴 시간을 달라고 애원하는 주디에게 제작사는 '너 말고도 배우는 많다. 하기 싫으면 관두라'는 말로 협박했다. 엄마라고 그녀에게 우호적이지 않았다. 엄마가 이루지 못한 꿈을 대신해 돈을 벌고 성공해야 했기에 주디는 고통스러운 촬영을 이어가야 했다. 그 과정에서 제작사는 그 어린 소녀에게 각성제와 수면제를 번갈아 먹였다. 어린이들에게 꿈과 희망, 행복과 사랑을 보여주는 영화를 만들면서 그 뒷면에서는 이러한 착취와 학대가 자행되었다.

그녀는 대중의 사랑은 받았지만, 정작 주변에서 사랑을 받지 못했다. 그녀에겐 상처를 보듬어줄 사람 하나 없어, 의지할 것은 배운 대로 약물이나 알코올뿐이었다.

주디는 자기연민에 시달렸다. 고작 두 살의 나이부터 무대에 올라야 했고, 칭찬이나 격려 대신 채찍질만 받았으니 어찌 보면 당연하다. 그저 예쁘고 재능이 있었을 뿐인데, 이 얼마나 억울하고 기막힌 삶인가. 그 제작자에게 '너도 인간이냐?'라고 따지고 싶었을 것이고, 엄마에게는 '어떻게 자식보다 돈이 더 중요하냐'고 항의하고 싶었을 것이다. 그 심정을 충분히 이해한다. 다만 명백한 점은, 시간은 되돌릴 수 없다는 것이다. 이미 지나간 일, 지나간 자신의 모습에 지나친 연민을 쏟는 것은 앞으로 살아가는 일에 아무런 도움이 되지 않는다. 그러나 그녀는 알코올중독과 약물중독, 신경쇠약에 빠지고 말았다.

그녀의 노래와 연기를 사랑한 사람들은 대개 선량한 시민이었다. 영화 제작과정의 비리와 불상사를 몰랐기 때문이지만, 그들은 주디가 보여준 연기에서 행복을 느꼈다. 나이 든 주디의 모습도 그들은 사랑했다. 그녀가 공연한다고 하면 수많은 관중이 몰렸다. 주디가 만약 '그래, 지나간 일은 지나간 것이고, 아직도 나의 노래와 연기를 좋아해주는 사람들이 있으니 다행이야' 하는 마음으로 활동에 열중했더라면 어땠을까. 그녀의 어린 시절이 안타까웠던 만큼 말년이 더 행복하지 못했던 것이 너무 아쉽다.

한 가지 확실한 사실은 서두에 밝힌 것처럼 모든 인간이 각자 인생에서 불행한 한 페이지는 가지고 있다는 것이다. 어떤 사람은 그것을 곱씹으며 오래도록 영향을 받고, 어떤 사람은 그러지 않을 뿐이다. 나도 자기연민에 빠진 적이 있었다. 왜 나한테만 이런 환경이 주어진 걸까. 왜 내게만 이런 일이 생기는 걸까. 보편적이지 않고 특이한 고통이나 상처일수록 더 괴롭다. 남에게 말하기도 어렵고, 이해받지도 못한다. 어이없는 일투성이였던 과거를 돌이켜보며 몇몇 인간의 얄팍한 욕심과 이기심에 피해당했다고 생각하면 참기 어려웠다.

하지만 자기연민을 계속 안고 있는 한 변화는 오지 않는다. 주변을 돌아보면 자신보다 더 고생하고 더 불행한 사람이 얼마든지 있다. 그러니 충분히 애도한 뒤엔 그것을 떠나보내야 한다. 고통의

종식은 자신만이 선언할 수 있다. 그리고 지금 내가 가지고 있는 것으로 다시 자신의 모습을 쌓아 올리는 것이다.

아이러니하지만, 주디가 부른 〈오즈의 마법사〉 주제가인 〈오버 더 레인보우-Over the Rainbow〉는 자기연민에 빠진 이들에게 그 자리를 벗어나 '걱정이 레몬 사탕처럼 녹아버리는 곳'으로 갈 것을 권하고 있다. 그러니 힘을 내자. 그리고 그곳으로 가보는 거다.

나만의 마흔을 그리며

셰익스피어의 〈리어왕King Lear〉에서 광대는 이러한 노래를 교훈
이라며 리어왕에게 들려준다.

"외양보다는 속을 채우고, 알고 있어도 말을 삼가고, 가졌다고
다 빌려주지 말고… 들었다고 다 믿지 말고…."

누구나 삶을 살아감에 있어 꼭 필요한 이야기였음에도 왕은 쓸
데없는 소리라며 무시한다. 아마 그가 이 말을 교훈 삼아 살아가
기엔 이미 늦었다고 생각했기 때문이었을 것이다.

하지만 무엇을 채우고 또 무엇을 바꾸는 데 너무 늦은 나이란
없다. 특히 사회의 경험이 어느 정도 쌓였고, 여러 관계에서 자신
의 위치를 구축하게 된 마흔의 나이에서는 더욱 채우고, 바꾸는

일이 필요하다. 그리하여 새롭게, 현명하게 주체적으로 과거보다 훨씬 더 나은 삶을 살아갈 수 있도록 주도해야 한다.

내가 이 책을 쓴 이유는 마흔부터 '좋은 사람'이나 '완벽한 사람'이 되어야 한다고 강조하기 위함이 아니다. 좋은 사람이나 완벽한 사람은 없다. 사람은 자기다움을 찾는 것으로 충분하다. 자신의 타고난 성정과 유전자 그리고 지향점이 잘 조화되는 삶을 살아가다 보면 만족과 평화를 만나게 된다. 그런 삶 자체가 주변에 선한 영향력을 미친다.

그런데 거친 세파 속에서 마흔까지 아등바등 살아오다 보면 어쩔 수 없이 여러 부정적인 감정이나 습관도 품게 된다. 본인은 원하지 않았음에도, 또 그게 자신의 본래 모습이 아닌데도 그렇게 되는 것이다. 마흔을 기점으로 그런 것들을 하나하나 사색하면서 자를 것은 자르고, 끊을 것은 끊고, 버릴 것은 버릴 것을 권하고 싶다. 이 책을 통해 그 모든 것을 한 번씩 자세히 들여다보는 것만으로도 당신의 삶에는 변화가 올 것이다.

결국, 스스로 단단해지는 것이 목표다. 남의 이목이나 세상의 흐름에 너무 흔들리지 않으며 자신을 지켜갈 수 있는 40대로서 남은 생을 잘 꾸려가기를 바란다. 미세먼지, 바이러스, 경제위기, 그 밖의 온갖 악재에도 불구하고 우리 개개인의 삶은 여전히 아름답고, 살아갈 만한 가치가 있기 때문이다.

■ 독자 여러분의 소중한 원고를 기다립니다

메이트북스는 독자 여러분의 소중한 원고를 기다리고 있습니다. 집필을 끝냈거나 집필중인 원고가 있으신 분은 khg0109@hanmail.net으로 원고의 간단한 기획의도와 개요, 연락처 등과 함께 보내주시면 최대한 빨리 검토한 후에 연락드리겠습니다. 머뭇거리지 마시고 언제라도 메이트북스의 문을 두드리시면 반갑게 맞이하겠습니다.

■ 메이트북스 SNS는 보물창고입니다

메이트북스 유튜브 bit.ly/2qXrcUb

활발하게 업로드되는 저자의 인터뷰, 책 소개 동영상을 통해 책에서는 접할 수 없었던 입체적인 정보들을 경험하실 수 있습니다.

메이트북스 블로그 blog.naver.com/1n1media

1분 전문가 칼럼, 화제의 책, 화제의 동영상 등 독자 여러분을 위해 다양한 콘텐츠를 매일 올리고 있습니다.

메이트북스 네이버 포스트 post.naver.com/1n1media

도서 내용을 재구성해 만든 블로그형, 카드뉴스형 포스트를 통해 유익하고 통찰력 있는 정보들을 경험하실 수 있습니다.

STEP 1. 네이버 검색창 옆의 카메라 모양 아이콘을 누르세요.   STEP 2. 스마트렌즈를 통해 각 QR코드를 스캔하시면 됩니다.
STEP 3. 팝업창을 누르시면 메이트북스의 SNS가 나옵니다.